Magia en el horno

Descubre la deliciosa variedad de pasteles con las recetas más sorprendentes

Lucía Martínez

CONTENIDO

Pan de jengibre pegajoso 11
Pan de jengibre integral 12
Tarta de miel y almendras 13
pastel con limon 14
Anillo de té helado 15
pastel de lara 17
Pastel Con Papa Comino 18
Pastel marmoleado 19
pastel de lincolnshire 20
pastel de pan 21
Pastel de mermelada 22
Pastel de semilla de amapola 23
Tarta de yogur natural 24
Tarta con ciruelas y nata 25
Tarta de frambuesa con glaseado de chocolate 27
Pastel de arena 28
Pastel de semillas 29
Pastel de anillo picante 30
Pastel de capas picante 31
Pastel de azúcar y canela 32
Galleta de té victoriana 33
Pastel de frutas universal 34
Pastel de frutas todo en uno 35
Pastel de frutas australiano 36

torta rica americana 37

Pastel de frutas de algarroba 39

Pastel de café con frutas 40

Pastel duro de Cornualles 42

pastel de grosella 43

Pastel de frutos negros 44

Pastel "Cortar y volver". 46

pastel dundee 47

Pastel de frutas sin huevos para la noche 48

Pastel de frutas confiable 49

Pastel de frutas de jengibre 51

Tarta rural de frutas y miel 52

Pastel de Génova 53

Pastel de frutas heladas 55

Pastel de frutas Guinness 56

masa picada 57

Tarta de avena y albaricoque 58

Pastel de frutas para la noche 59

Pastel con pasas y especias 60

pastel richmond 61

Pastel de frutas con azafrán 62

Pastel De Fruta De Soda 63

Pastel de frutas rápido 64

Pastel de frutas con té caliente 65

Pastel de frutas de té frío 66

Pastel de frutas sin azúcar 67

Pasteles De Frutas Pequeños 68

Pastel de vinagre de frutas	69
Pastel de whisky de Virginia	70
Tarta galesa de frutas	71
Pastel de frutas blancas	72
Tarta de manzana	73
Tarta de manzana con tapas crujientes	74
Tarta de manzana americana	75
Tarta de manzana con puré	76
Tarta de manzana a la sidra	77
Pastel De Manzana Y Canela	78
tarta de manzana española	79
Tarta de manzana y sultán	81
Tarta de manzana al revés	82
pastel de albaricoque	83
Pastel de albaricoque y jengibre	84
Tarta Tipty De Albaricoque	85
pastel de platano	86
Pastel de plátano crujiente	87
Esponja De Plátano	88
Pastel de plátano alto en fibra	89
Pastel De Plátano Y Limón	90
Pastel De Chocolate Con Licuadora	91
Pastel de plátano y nuez	92
Torta universal con plátanos y pasas	93
Pastel con plátanos y whisky	94
Pastel de arándanos	95
adoquín de cereza	96

Tarta de cerezas y coco 97
Tarta de cerezas y sultán 98
Tarta helada de cerezas y nueces 99
pastel de ciruela damascena 100
Tarta de dátiles y nueces 101
pastel de limón 102
bizcocho de naranja y almendras 103
pastel de avena 104
Pastel Picante De Mandarina Helada 105
pastel de naranja 106
Cazuela con fresas y coco 107
Barritas de azúcar moreno y plátano 108
Barritas de nuez de girasol 109
cuadrados de caramelo 110
cazuela de caramelo 111
Tarta De Queso De Albaricoque 112
Tarta De Queso De Aguacate 114
tarta de plátano 115
Pastel de queso caribeño ligero 116
Tarta de queso con cereza negra 117
Cheesecake de coco y albaricoque 118
Tarta de queso con arándanos 119
tarta de queso con jengibre 120
Tarta de queso con jengibre y limón 121
Tarta de queso con avellanas y miel 122
Tarta de queso con grosellas y jengibre 123
Cheesecake Ligero De Limón 125

Tarta De Queso De Limón Y Muesli 126
Tarta De Queso De Mandarina 127
Cheesecake de limón y nuez 128
Tarta de queso con lima 130
Cheesecake de San Clemente 131
Pashka 132
Tarta de queso ligera de piña 133
Tarta De Queso De Piña 134
tarta de queso con pasas 136
Cheesecake de frambuesa 137
tarta de queso siciliana 138
Tarta de queso con yogur glaseado 139
Tarta de queso con fresas 141
Cheesecake de Sultana y Brandy 142
Tarta de queso al horno 143
Barras de pastel de queso al horno 144
tarta de queso americana 145
Cheesecake holandés de manzana al horno 146
Tarta de queso con albaricoques al horno y avellanas 148
Tarta de queso al horno con albaricoques y naranjas 149
Tarta de queso al horno con albaricoques y ricotta 151
tarta de queso boston 152
Pastel de queso caribeño al horno 153
Tarta de queso con chocolate al horno 154
Cheesecake de Chocolate y Nueces 156
tarta de queso alemana 158
Tarta de queso con licor irlandés 160

Cheesecake americano con limón y nueces	161
Tarta De Queso De Naranja	163
Torta de queso ricotta	164
Tarta de queso al horno con queso y crema agria	166
Pastel de queso ligero al horno con sultanas	167
Cheesecake de Vainilla al Horno Ligero	168
Tarta de queso al horno con chocolate blanco	169
Tarta de queso con chocolate blanco y avellanas	170
Tarta de queso con chocolate blanco y oblea	171
masa crujiente	172
Masa quebrada con aceite	173
Pan dulce rico	174
Pan dulce americano	175
Tarta de queso	176
pastel choux	177
Mantecada	178
Hojaldre	179
Hojaldre áspero	181
Paté Sucre	182
Bollos Choux Con Nata	183
Mandarinas Crujientes De Queso	184
canutillos de chocolate	185
bollos con crema	186
Tarta de almendras y melocotón	187
molinos de viento de manzana	189
Cuernos de crema	190
Feuilleté	191

Galletas con relleno de ricota 192

Hojaldres de maní 193

pasteles daneses 194

Pretzel de cumpleaños danés 195

Caracoles de pastelería danesa 197

Trenzas de pastelería danesa 198

Molinos de viento de confitería danesa 199

Galletas de almendras 200

Envase básico para una tarta de galleta 201

Tarta De Almendras 202

Tarta de manzana y naranja del siglo XVIII 203

tarta de manzana alemana 204

Tarta De Miel De Manzana 205

Tarta De Manzana Y Carne 207

Tarta con manzanas y sultana 208

Tarta de merengue de albaricoque y coco 209

Tarta de horno 210

Fudge Banoffee 211

Las revoluciones de la mora galesa 212

Tarta de brandy o ron 213

Tartas De Mantequilla 215

Tarta De Coco 216

Pan de jengibre pegajoso

Para un pastel con un diámetro de 25 cm/10

275 g/10 oz/2½ tazas de harina normal (para todo uso)

10 ml/2 cucharaditas de canela molida

5 ml/1 cucharadita de bicarbonato de sodio (bicarbonato de sodio)

100 g de mantequilla o margarina

175g/6oz/½ taza dorada (jarabe de maíz ligero).

175g/6oz/½ taza de melaza negra (melaza)

100 g/4 oz/½ taza de azúcar morena suave

2 huevos batidos

150 ml/¼ pt./2/3 taza de agua caliente

Mezcla la harina, la canela y el bicarbonato de sodio. Derrita la mantequilla o margarina con el almíbar, la melaza y el azúcar y vierta sobre los ingredientes secos. Agregue los huevos y el agua y mezcle bien. Verter en un molde cuadrado engrasado forrado con papel de hornear (25 cm/10 cm). Hornee en un horno precalentado a 180°C/350°F/Gas 4 durante 40-45 minutos, hasta que crezcan bien y estén elásticos al tacto.

Pan de jengibre integral

Para un pastel con un diámetro de 18 cm

100 g / 4 oz / 1 taza de harina normal (para todo uso)

100 g/4 oz/1 taza de harina integral (trigo integral).

50 g/2 oz/¼ taza de azúcar moreno suave

50 g/1/3 taza de sultanas (pasas doradas)

10 ml/2 cucharaditas de jengibre molido

5 ml/1 cucharadita de canela molida

5 ml/1 cucharadita de bicarbonato de sodio (bicarbonato de sodio)

Pizca de sal

100 g de mantequilla o margarina

30 ml/2 cucharadas de jarabe de maíz dorado (ligero)

30 ml/2 cucharadas de melaza negra (melaza)

1 huevo, ligeramente batido

150 ml/¼ pt./2/3 taza de leche

Mezclar los ingredientes secos. Derretir mantequilla o margarina con almíbar y melaza y mezclar con ingredientes secos con huevo y leche. Vierta en un molde de 18 cm (6 pulgadas) engrasado y pan rallado y hornee en un horno precalentado a 160 °C/325 °F/3 gas durante 1 hora, hasta que esté elástico al tacto.

Tarta de miel y almendras

Para un pastel con un diámetro de 20 cm.

250 g de zanahorias ralladas

65 g de almendras finamente picadas

2 huevos

100 g/1/3 taza de miel pura

60 ml / 4 cucharadas de aceite

150 ml/¼ pt./2/3 taza de leche

100 g/4 oz/1 taza de harina integral (trigo integral).

25 g/1 oz/¼ taza de harina normal (para todo uso)

10 ml/2 cucharaditas de canela molida

2,5 ml/½ cucharadita de bicarbonato de sodio (bicarbonato de sodio)

Pizca de sal

glaseado de limón

Unas hojuelas de almendras (picadas) para decorar

Mezcle las zanahorias y las nueces. Bate los huevos en un recipiente aparte, luego mézclalos con la miel, el aceite y la leche. Agregue las zanahorias y las nueces, luego mezcle los ingredientes secos. Vierta en un molde de 20 cm untado con mantequilla y pan rallado y hornee en un horno precalentado a 150°C/300°F/Gas 2 durante 1-1¼ horas, hasta que esté bien levantado y elástico al tacto. Dejar enfriar en el molde antes de desmoldar. Rocíe con glaseado de limón, luego decore con hojuelas de almendra.

pastel con limon

Para un pastel con un diámetro de 18 cm

100 g/1/2 taza de mantequilla o margarina, suave

100 g/4 oz/½ taza de azúcar en polvo (muy fina).

2 huevos

100 g / 4 oz / 1 taza de harina normal (para todo uso)

50g/2oz/½ taza de arroz molido

2,5 ml/½ cucharadita de polvo de hornear

Corteza rallada y jugo de 1 limón

100 g/2/3 taza de azúcar glass (de confitería), tamizada

Bate la mantequilla o la margarina con el azúcar hasta que quede suave y esponjosa. Agregue un huevo a la vez, mezclando bien después de cada adición. Combine la harina, el arroz molido, el polvo de hornear y la ralladura de limón, luego revuelva en la mezcla. Vierta en un molde para pastel de 18 cm engrasado y empanado y hornee en un horno precalentado a 180 ° C / 350 ° F / 4 gas durante 1 hora hasta que esté elástico al tacto. Retirar del molde y dejar enfriar.

Mezcle el azúcar en polvo con un poco de jugo de limón hasta que quede suave. Saque la masa con una cuchara y déjela enfriar.

Anillo de té helado

Sirve 4–6

150 ml/¼ pt./2/3 taza de leche tibia

2,5 ml/½ cucharadita de levadura seca

25 g/1 oz/2 cucharadas de azúcar fina

25 g/1 oz/2 cucharadas de mantequilla o margarina

225 g/8 oz/2 tazas de harina fuerte normal (de pan).

1 huevo batido Para el relleno:

50 g de mantequilla o margarina blanda

50g/2oz/¼ taza de almendras molidas

50 g/2 oz/¼ taza de azúcar moreno suave

Para la cobertura:
100 g/2/3 taza de azúcar glass (de confitería), tamizada

15 ml/1 cucharada de agua tibia

30 ml/2 cucharadas de copos de almendras

Vierta la leche en la levadura y el azúcar y mezcle. Dejar en un lugar cálido hasta que esté espumoso. Frote la mantequilla o margarina con la harina. Mezclar la mezcla de levadura y el huevo y batir bien. Cubrir el recipiente con film transparente aceitado (papel aluminio) y dejar reposar en un lugar cálido durante 1 hora. Vuelva a amasar, luego forme un rectángulo que mida aproximadamente 30 x 23 cm/12 x 9 pulgadas. Untar mantequilla o margarina para el relleno sobre la masa y espolvorear con almendras molidas y azúcar. Enrolle en una salchicha larga y forme un anillo, sellando los bordes con un poco de agua. Marque dos tercios de la longitud del panecillo en incrementos de aproximadamente 3 cm/1½ y colóquelo en una bandeja para hornear engrasada (galleta). Ponga a un lado en un lugar cálido durante 20 minutos. Hornee en un horno precalentado a

200°C/425°F/Gas 7 durante 15 minutos. Reduzca la temperatura del horno a 180°C/350°F/Gas 4 durante otros 15 minutos.

Mientras tanto, mezcle el azúcar en polvo y el agua para hacer el glaseado de helado. Cuando esté frío, repartir sobre la tarta y decorar con lascas de almendra.

pastel de lara

Para un pastel de 23 x 18 cm/9 x 7

15 g de levadura fresca o 20 ml/4 cucharaditas de levadura seca

5 ml/1 cucharadita de azúcar fina

300 ml/½ pinta/1¼ taza de agua tibia

150 g/5 oz/2/3 taza de manteca (manteca vegetal)

450 g/1 lb/4 tazas de harina fuerte (de pan)

Pizca de sal

100 g/4 oz/2/3 taza de sultanas (pasas doradas)

100g/4oz/2/3 taza de miel pura

Mezclar la levadura con el azúcar y un poco de agua tibia y reservar en un lugar cálido durante 20 minutos hasta que esté espumoso.

Frotar 25 g de manteca de cerdo con harina y sal y hacer un hueco en el centro. Vierta la mezcla de levadura y el resto del agua tibia y amase hasta obtener una masa rígida. Amasar hasta que quede suave y elástico. Colocar en un recipiente aceitado, cubrir con film transparente aceitado (papel aluminio) y reservar en un lugar cálido durante aproximadamente 1 hora hasta que doble su tamaño.

Cortar el resto de la manteca de cerdo en cubos. Vuelva a amasar la masa, luego extiéndala en un rectángulo de unos 35 x 23 cm/14 x 9 pulgadas. Cubra los dos tercios superiores de la masa con un tercio de manteca de cerdo, un tercio de sultanas y un cuarto de miel. Dobla el tercio habitual de la masa sobre el relleno, luego dobla el tercio superior hacia abajo. Presione los bordes para que se peguen, luego gire la masa un cuarto de vuelta para que el pliegue quede en el lado izquierdo. Extienda y repita el proceso dos veces más para usar toda la manteca de cerdo y las sultanas. Colocar en una bandeja para hornear engrasada (galletas) y marcar una cruz encima con un cuchillo. Cubra y deje reposar en un lugar cálido durante 40 minutos.

Hornee en un horno precalentado a 220°C/425°F/Gas 7 durante 40 minutos. Rocíe la miel restante en la parte superior, luego deje que se enfríe.

Pastel Con Papa Comino

Para un pastel de 23 x 18 cm/9 x 7

450 g/1 lb Masa de pan blanca básica

175 g/6 oz/¾ taza de manteca (manteca vegetal), cortada en trozos

175 g/6 oz/¾ taza de azúcar en polvo

15 ml/1 cucharada de comino

Prepare la masa, luego extiéndala sobre una superficie ligeramente enharinada en un rectángulo que mida aproximadamente 35 x 23 cm/14 x 9 pulgadas. Espolvorea los dos tercios superiores de la masa con la mitad de la manteca de cerdo y la mitad del azúcar, luego dobla el tercio de la masa y envuelve el tercio superior sobre ella. Girar la masa un cuarto de vuelta para que el pliegue quede a la izquierda, luego estirar de nuevo y espolvorear con el resto de la manteca, el azúcar y el comino de la misma forma. Vuelva a doblar, luego déle forma para que se ajuste al molde para hornear (hoja) y corte la parte superior en diamantes. Cubrir con film transparente aceitado (papel aluminio) y dejar reposar en un lugar cálido durante unos 30 minutos hasta que doble su tamaño.

Hornee en un horno precalentado a 200°C/400°F/Gas 6 durante 1 hora. Deje enfriar en la lata durante 15 minutos para permitir que la grasa penetre en el pastel, luego transfiéralo a una rejilla para que se enfríe por completo.

Pastel marmoleado

Para un pastel con un diámetro de 20 cm.

175 g/6 oz/¾ taza de mantequilla o margarina, blanda

175 g/6 oz/¾ taza de azúcar en polvo

3 huevos, ligeramente batidos

225 g/8 oz/2 tazas de harina leudante (autoleudante)

Unas gotas de esencia de almendras (extracto)

Unas gotas de colorante alimentario verde.

Unas gotas de colorante alimentario rojo.

Bate la mantequilla o la margarina con el azúcar hasta que quede suave y esponjosa. Poco a poco agregue los huevos, luego agregue la harina. Divide la mezcla en tres. Agregue esencia de almendras a un tercio, colorante alimentario verde a un tercio y colorante alimentario rojo al tercio restante. Vierta cucharadas grandes de las tres mezclas alternativamente en un molde desmontable de 20 cm engrasado y forrado y hornee en el horno precalentado a 180°C/350°F/Gas 4 durante 45 minutos hasta que esté bien levantado y elástico. tocar.

pastel de lincolnshire

Para un pastel con un diámetro de 20 cm.

175 g/6 oz/¾ taza de mantequilla o margarina

350 g/12 oz/3 tazas de harina normal (para todo uso)

Pizca de sal

150 ml/¼ pt./2/3 taza de leche

15 ml/1 cucharada de levadura seca Para el relleno:

225g/8oz/11/3 taza sultanas (pasas doradas)

225 g/8 oz/1 taza de azúcar morena suave

25 g/1 oz/2 cucharadas de mantequilla o margarina

2,5 ml/½ cucharadita de pimienta de Jamaica molida

1 huevo, separado

Frote la mitad de la mantequilla o margarina con harina y sal hasta que la masa parezca pan rallado. Caliente la mantequilla o margarina restante con leche hasta que esté caliente, luego mezcle un poco con la levadura para hacer una pasta. Mezclar la mezcla de levadura y la leche restante y la mantequilla con la harina y amasar una masa suave. Transfiera a un tazón engrasado, cubra y reserve en un lugar cálido durante aproximadamente 1 hora hasta que duplique su tamaño. Mientras tanto, coloque todos los ingredientes del relleno excepto las claras de huevo en una cacerola a fuego lento y deje que se derrita.

Estirar una cuarta parte de la masa en un círculo de 20 cm de diámetro y extender sobre una tercera parte del relleno. Repita con las porciones restantes de masa y relleno, vertiendo un disco de masa. Pintar los bordes con clara de huevo y sellar. Hornee en un horno precalentado a 190°C/375°F/Gas 5 durante 20 minutos. Cepille la parte superior con clara de huevo y vuelva al horno por otros 30 minutos hasta que estén doradas.

pastel de pan

Hace un pastel de 900 g/2 lb

175 g/6 oz/¾ taza de mantequilla o margarina, blanda

275 g/10 oz./1¼ taza de azúcar en polvo

Corteza rallada y jugo de ½ limón

120 ml/4 fl oz/½ taza de leche

275 g/10 oz/2¼ taza de harina leudante (autoleudante)

5 ml/1 cucharadita de sal

5 ml/1 cucharadita de polvo de hornear

3 huevos

Azúcar en polvo (de repostería), tamizada, para espolvorear

Bate la mantequilla o margarina, el azúcar y la ralladura de limón hasta que quede suave y esponjoso. Mezcle el jugo de limón y la leche, luego mezcle la harina, la sal y el polvo de hornear y mezcle hasta que quede suave. Poco a poco agregue los huevos, batiendo bien después de cada adición. Transfiera la mezcla a una lata de 900 g forrada con papel y enmantequillada y hornee en un horno precalentado a 150 °F/300 °F/gas 2 durante 1¼ horas hasta que esté elástica al tacto. Dejar enfriar en el molde durante 10 minutos antes de retirar para terminar de enfriar sobre la rejilla metálica. Servir espolvoreado con azúcar glass.

Pastel de mermelada

Para un pastel con un diámetro de 18 cm

175 g/6 oz/¾ taza de mantequilla o margarina, blanda

175 g/6 oz/¾ taza de azúcar en polvo

3 huevos, separados

300g/10oz/2½ taza de harina leudante (autoleudante).

45 ml/3 cucharadas de mermelada espesa

50 g / 2 oz / 1/3 taza de cáscara picada mixta (confitada)

La piel de 1 naranja

45 ml/3 cucharadas de agua

Para el glaseado (glaseado):

100 g/2/3 taza de azúcar glass (de confitería), tamizada

jugo de 1 naranja

Unas rodajas de naranja confitada

Bate la mantequilla o la margarina con el azúcar hasta que quede suave y esponjosa. Añadir poco a poco las yemas de huevo y luego 15 ml/1 cucharada de harina. Agregue la mermelada, la ralladura mixta, la ralladura de naranja y el agua, luego agregue la harina restante. Bate las claras de huevo a punto de nieve, luego mézclalas con una cuchara de metal con la masa. Vierta en un molde desmontable de 18 cm engrasado y empanado y hornee en un horno precalentado a 180 °C/350 °F/Gas 4 durante 1¼ horas hasta que esté bien levantado y elástico al tacto. Deje enfriar en el molde durante 5 minutos, luego transfiéralo a una rejilla de metal para terminar de enfriar.

Para hacer el glaseado, coloca el azúcar glass en un bol y haz un hueco en el centro. Vierta gradualmente suficiente jugo de naranja para obtener la consistencia de una crema. Saque la masa y los lados con una cuchara y déjelos enfriar. Decorar con rodajas de naranja confitada.

Pastel de semilla de amapola

Para un pastel con un diámetro de 20 cm.

250ml/8oz/1 taza de leche

100 g/4 oz/1 taza de semillas de amapola

225 g/8 oz/1 taza de mantequilla o margarina, blanda

225 g/8 oz/1 taza de azúcar morena suave

3 huevos, separados

100 g / 4 oz / 1 taza de harina normal (para todo uso)

100 g/4 oz/1 taza de harina integral (trigo integral).

5 ml/1 cucharadita de polvo de hornear

En una cacerola pequeña, hierva la leche con las semillas de amapola, luego retírela del fuego, cubra y deje reposar durante 30 minutos. Bate la mantequilla o la margarina con el azúcar hasta que quede suave y esponjosa. Poco a poco, agregue las yemas, luego agregue la harina y el polvo de hornear. Mezclar la harina y la leche. Bate las claras de huevo a punto de nieve, luego mézclalas con una cuchara de metal con la masa. Colocar en un molde engrasado y enharinado de 20 cm de diámetro y hornear en horno precalentado a 180°C/350°F/4 gas por 1 hora, hasta que al insertar un palillo en el centro, éste salga limpio. Deje enfriar en la lata durante 10 minutos antes de retirar para completar el enfriamiento en la rejilla.

Tarta de yogur natural

Para un pastel con un diámetro de 23 cm/9

150 g de yogur natural

150 ml/¼ pt/2/3 taza de aceite

225 g/8 oz/1 taza de azúcar en polvo

225 g/8 oz/2 tazas de harina leudante (autoleudante)

10 ml / 2 cucharaditas de polvo de hornear

2 huevos batidos

Mezcle todos los ingredientes hasta que quede suave, luego vierta en un molde desmontable engrasado y forrado con un diámetro de 23 cm. Hornee en un horno precalentado a 160°C/325°F/Gas 3 durante 1¼ horas hasta que esté elástico al tacto. Dejar enfriar en el molde.

Tarta con ciruelas y nata

Para un pastel con un diámetro de 23 cm/9

Para el llenado:

150 g de ciruelas pasas sin hueso, picadas en trozos grandes

120 ml/4 fl oz/½ taza de jugo de naranja

50 g/2 oz/¼ taza de azúcar en polvo (muy fina).

30 ml/2 cucharadas de harina de maíz (fécula de maíz)

175ml/6oz/¾ taza de leche

2 yemas

Ralladura finamente rallada de 1 naranja

En el pastel:

175 g/6 oz/¾ taza de mantequilla o margarina, blanda

225 g/8 oz/1 taza de azúcar en polvo

3 huevos, ligeramente batidos

200 g/7 oz/1¾ taza de harina normal (para todo uso)

10 ml / 2 cucharaditas de polvo de hornear

2,5 ml/½ cucharadita de nuez moscada rallada

75 ml/5 cucharadas de jugo de naranja

Haz el relleno primero. Remoje las ciruelas en el jugo de naranja durante al menos dos horas.

Con un poco de leche, mezcle el azúcar y la harina de maíz en una pasta. Hervir el resto de la leche en una cacerola. Vierta el azúcar y la harina de maíz y mezcle bien, luego regrese a la sartén enjuagada y bata las yemas. Agrega la ralladura de naranja y revuelve a fuego muy bajo hasta que espese, pero no dejes que la crema hierva. Coloque la sartén en un recipiente con agua fría y revuelva el budín de vez en cuando mientras se enfría.

Para hacer la masa, bata la mantequilla o la margarina con el azúcar hasta que quede suave y esponjosa. Poco a poco agregue los huevos, luego agregue la harina, el polvo de hornear y la nuez moscada, alternando con el jugo de naranja. Vierta la mitad de la masa en un molde para pasteles de 23 cm/9" engrasado, luego extienda la crema encima, dejando un espacio alrededor del borde. Vierta las ciruelas y el jugo remojado sobre la crema, luego cubra con la mezcla de masa restante, asegurándose de que la masa se adhiera firmemente al relleno por los lados y quede completamente cubierta. Hornee en un horno precalentado a 200 °C/400 °F/Gas 6 durante 35 minutos hasta que estén doradas y comiencen a despegarse de los lados de la fuente. Dejar enfriar en el molde antes de desmoldar.

Tarta de frambuesa con glaseado de chocolate

Para un pastel con un diámetro de 20 cm.

175 g/6 oz/¾ taza de mantequilla o margarina, blanda

175 g/6 oz/¾ taza de azúcar en polvo

3 huevos, ligeramente batidos

225 g/8 oz/2 tazas de harina leudante (autoleudante)

100 g de frambuesas Para glaseado y decoración:

Glaseado de mantequilla de chocolate blanco

100 g/4 oz/1 taza de chocolate natural (semidulce)

Bate la mantequilla o la margarina con el azúcar hasta que quede suave y esponjosa. Poco a poco agregue los huevos, luego agregue la harina. Licúa las frambuesas, luego frótalas a través de un colador (tamiz) para deshacerte de las semillas. Revuelva el puré en la mezcla de masa para que tenga una consistencia marmórea y no se mezcle. Vierta en un molde para pastel de 20 cm engrasado forrado con papel de hornear y hornee en un horno precalentado a 180 ° C / 350 ° F / marca 4 gas durante 45 minutos, hasta que esté bien levantado y elástico al tacto. Transfiera a una rejilla de metal para que se enfríe.

Extienda la crema de mantequilla sobre el pastel y raspe la superficie con un tenedor. Derrita el chocolate en un recipiente resistente al calor sobre una olla de agua hirviendo a fuego lento. Extender en una bandeja para hornear (galleta) y dejar hasta que esté casi listo. Raspe la superficie plana de un cuchillo afilado sobre el chocolate para crear rizos. Úsalo para decorar la parte superior del pastel.

Pastel de arena

Para un pastel con un diámetro de 20 cm.

75g/3oz/1/3 taza de mantequilla o margarina, blanda

75 g/3 oz/1/3 taza de azúcar en polvo

2 huevos, ligeramente batidos

100 g/4 oz/1 taza de harina de maíz (fécula de maíz)

25 g/1 oz/¼ taza de harina normal (para todo uso)

5 ml/1 cucharadita de polvo de hornear

50 g / 2 oz / ½ taza de nueces mixtas picadas

Bate la mantequilla o la margarina con el azúcar hasta que quede suave y esponjosa. Poco a poco agregue los huevos, luego agregue la harina de maíz, la harina y el polvo de hornear. Vierta la masa en una forma cuadrada con mantequilla (plato) con un diámetro de 20 cm y espolvoree con nueces picadas. Hornee en un horno precalentado a 180°C/350°F/Gas 4 durante 1 hora, hasta que esté elástico al tacto.

Pastel de semillas

Para un pastel con un diámetro de 18 cm

100 g/1/2 taza de mantequilla o margarina, suave

100 g/4 oz/½ taza de azúcar en polvo (muy fina).

2 huevos, ligeramente batidos

225 g/8 oz/2 tazas de harina normal (para todo uso)

25g/1oz/¼ taza de semillas de comino

5 ml/1 cucharadita de polvo de hornear

Pizca de sal

45 ml/3 cucharadas de leche

Bate la mantequilla o la margarina con el azúcar hasta que quede suave y esponjosa. Poco a poco agregue los huevos, luego agregue la harina, el comino, el polvo de hornear y la sal. Mezcle suficiente leche para obtener la consistencia de gotas. Con una cuchara, coloque en un molde desmontable de 18 cm/7 (láminas) forrado con papel y engrasado y hornee en un horno precalentado a 200 °C/400 °F/Gas 6 durante 1 hora, hasta que esté elástico al tacto y comience a separarse de los lados. de una lata

Pastel de anillo picante

Hace un anillo de 23 cm/9 pulgadas de diámetro

1 manzana, pelada, sin semillas y rallada

30 ml/2 cucharadas de jugo de limón

25 g/8 oz/1 taza de azúcar morena suave

5 ml/1 cucharadita de jengibre molido

5 ml/1 cucharadita de canela molida

2,5 ml / ½ cucharadita de mezcla de especias molidas (pastel de manzana).

225g/8oz/2/3 taza golden (jarabe de maíz ligero).

250 ml/8 oz/1 taza de aceite

10 ml / 2 cucharaditas de polvo de hornear

400 g/14 oz/3½ tazas de harina normal (para todo uso)

10 ml/2 cucharaditas de bicarbonato de sodio (bicarbonato de sodio)

250 ml/8 fl oz/1 taza de té caliente y fuerte

1 huevo batido

Azúcar en polvo (de repostería), tamizada, para espolvorear

Mezcle el jugo de manzana y limón. Agregue el azúcar y las especias, luego el almíbar y el aceite. Agregue polvo de hornear a la harina y bicarbonato de sodio al té caliente. Remuévelos alternativamente en la mezcla, luego mézclalos con el huevo. Coloque con una cuchara en un molde desmontable de 23 cm/9 (láminas) engrasado y empanado y hornee en el horno precalentado a 180 °C/350 °F/Gas 4 durante 1 hora hasta que esté elástico al tacto. Deje enfriar en el molde durante 10 minutos, luego transfiéralo a una rejilla de metal para terminar de enfriar. Servir espolvoreado con azúcar glass.

Pastel de capas picante

Para un pastel con un diámetro de 23 cm/9

100 g/1/2 taza de mantequilla o margarina, suave

100 g/1/2 taza de azúcar en polvo

100 g/4 oz/½ taza de azúcar morena suave

2 huevos batidos

175 g/6 oz/1½ taza de harina normal (para todo uso)

5 ml/1 cucharadita de polvo de hornear

5 ml/1 cucharadita de canela molida

2,5 ml/½ cucharadita de bicarbonato de sodio (bicarbonato de sodio)

2,5 ml / ½ cucharadita de mezcla de especias molidas (pastel de manzana).

Pizca de sal

200ml/7oz/ligeramente 1 taza de leche condensada enlatada

Glaseado con mantequilla de limón

Bate la mantequilla o margarina y el azúcar hasta que quede suave y esponjoso. Poco a poco agregue los huevos, luego agregue los ingredientes secos y la leche evaporada y mezcle hasta que quede suave. Vierta en dos moldes para pasteles de 23 cm/9 (bandeja) forrados con papel y enmantecados y hornee en el horno precalentado a 180 °C/350 °F/Gas 4 durante 30 minutos, hasta que esté elástico al tacto. Deje enfriar, luego cubra el sándwich con el glaseado de mantequilla de limón.

Pastel de azúcar y canela

Para un pastel con un diámetro de 23 cm/9

175 g/6 oz/1½ taza de harina leudante (autoleudante)

10 ml / 2 cucharaditas de polvo de hornear

Pizca de sal

175 g/6 oz/¾ taza de azúcar en polvo

50 g de mantequilla o margarina derretida

1 huevo, ligeramente batido

120 ml/4 fl oz/½ taza de leche

2,5 ml/½ cucharadita de esencia de vainilla (extracto)

Para la cobertura:

50 g de mantequilla o margarina derretida

50 g/2 oz/¼ taza de azúcar moreno suave

2,5 ml/½ cucharadita de canela molida

Bate todos los ingredientes de la masa hasta que estén suaves y bien combinados. Vierta en un molde desmontable de 23 cm engrasado y hornee en un horno precalentado a 180°C/350°F/4 gas durante 25 minutos hasta que se doren. Engrasar la masa caliente con mantequilla. Mezclar el azúcar con la canela y espolvorear por encima. Volvemos a meter la tarta en el horno durante otros 5 minutos.

Galleta de té victoriana

Para un pastel con un diámetro de 20 cm.

225 g/8 oz/1 taza de mantequilla o margarina, blanda

225 g/8 oz/1 taza de azúcar en polvo

225 g/8 oz/2 tazas de harina leudante (autoleudante)

25 g/1 oz/¼ taza de harina de maíz (fécula de maíz)

30 ml/2 cucharadas de comino

5 huevos, separados

Azúcar granulada para espolvorear

Bate la mantequilla o la margarina con el azúcar hasta que quede suave y esponjosa. Agregue la harina, la harina de maíz y el comino. Batir las yemas, luego mezclarlas con la masa. Bate las claras de huevo hasta que estén rígidas, luego incorpóralas suavemente a la masa con una cuchara de metal. Transfiera a un molde desmontable (plato) de 20 cm de diámetro untado con grasa y espolvoreado con pan rallado y espolvoreado con azúcar. Hornee en un horno precalentado a 180 °C/350 °F/Gas 4 durante 1,5 horas hasta que estén doradas y comiencen a despegarse de los lados de la fuente.

Pastel de frutas universal

Para un pastel con un diámetro de 20 cm.

175 g/6 oz/¾ taza de mantequilla o margarina, blanda

175 g/6 oz/¾ taza de azúcar morena suave

3 huevos

15 ml/1 cucharada de golden (jarabe de maíz ligero).

100 g/1/2 taza (confitada) de cereza glaseada

100 g/4 oz/2/3 taza de sultanas (pasas doradas)

100 g/4 oz/2/3 taza de pasas

225 g/8 oz/2 tazas de harina leudante (autoleudante)

10 ml / 2 cucharaditas de mezcla de especias molidas (tarta de manzana).

Coloque todos los ingredientes en un tazón y mezcle hasta que estén bien combinados, o mezcle en un procesador de alimentos. Vierta en un molde desmontable de 20 cm engrasado y empanado y hornee en un horno precalentado a 160 °C/325 °F/3 gas durante 1,5 horas, hasta que al insertar un palillo en el centro, éste salga limpio. Dejar en el molde durante 5 minutos, luego retirar a una rejilla metálica para terminar de enfriar.

Pastel de frutas todo en uno

Para un pastel con un diámetro de 20 cm.

350 g/12 oz/2 tazas de mezcla de frutas secas (mezcla para pastel de frutas)

100 g de mantequilla o margarina

100 g/4 oz/½ taza de azúcar morena suave

150 ml/¼ pt./2/3 taza de agua

2 huevos grandes, batidos

225 g/8 oz/2 tazas de harina leudante (autoleudante)

5 ml/1 cucharadita de mezcla de especias molidas (sidra).

Ponga la fruta, la mantequilla o margarina, el azúcar y el agua en una cacerola, hierva y cocine a fuego lento durante 15 minutos. Dejar enfriar. Agregue los huevos alternativamente con la mezcla de harina y especias, y mezcle bien. Vierta en un molde desmontable de 20 cm engrasado y hornee en un horno precalentado a 140°C/275°F/Gas 1 durante 1-1½ horas, hasta que al insertar un palillo en el centro, éste salga limpio.

Pastel de frutas australiano

Hace un pastel de 900 g/2 lb

100 g de mantequilla o margarina

225 g/8 oz/1 taza de azúcar morena suave

250 ml/8 fl oz/1 taza de agua

350 g/12 oz/2 tazas de mezcla de frutas secas (mezcla para pastel de frutas)

5 ml/1 cucharadita de bicarbonato de sodio (bicarbonato de sodio)

10 ml / 2 cucharaditas de mezcla de especias molidas (tarta de manzana).

5 ml/1 cucharadita de jengibre molido

100 g/4 oz/1 taza de harina leudante (autoleudante)

100 g / 4 oz / 1 taza de harina normal (para todo uso)

1 huevo batido

Hervir todos los ingredientes excepto la harina y los huevos en una sartén. Retirar del fuego y dejar enfriar. Mezclar con harina y huevo. Coloque la mezcla en una bandeja para hornear de 900 g/2 lb engrasada y forrada y hornee en un horno precalentado a 160 °C/325 °F/Gauge 3 durante 1 hora, hasta que suba bien y al insertar un palillo en el centro, éste salga limpio.

torta rica americana

Para un pastel con un diámetro de 25 cm/10

225g/8oz/11/3 taza de grosellas

100 g/1 taza de almendras blanqueadas

15 ml/1 cucharada de agua de azahar

45 ml/3 cucharadas de jerez seco

1 yema grande

2 huevos

350g/12oz/1½ taza de mantequilla o margarina, suave

175 g/6 oz/¾ taza de azúcar en polvo

Una pizca de maza molida

Una pizca de canela molida

Una pizca de clavo molido

Una pizca de jengibre molido

Una pizca de nuez moscada rallada

30 ml/2 cucharadas de brandy

225 g/8 oz/2 tazas de harina normal (para todo uso)

50 g / 2 oz / ½ taza de cáscara picada mixta (confitada)

Remoje las grosellas en agua caliente durante 15 minutos, luego escúrralas bien. Mezcla las almendras con agua de azahar y 15 ml/1 cucharada de jerez. Batir la yema y los huevos juntos. Batir la mantequilla o la margarina con el azúcar, luego mezclar con las almendras y los huevos y batir hasta que quede blanca y espesa. Agregue las especias, el jerez restante y el brandy. Agregue la harina, luego agregue las grosellas y la ralladura mezclada. Vierta en un molde para pastel de 25 cm engrasado y hornee en un horno precalentado a 180 ° C / 350 ° F / 4 grados de gas durante aproximadamente 1 hora, hasta que un palillo insertado en el centro salga limpio.

Pastel de frutas de algarroba

Para un pastel con un diámetro de 18 cm

450 g/1 lb/2 2/3 tazas de pasas

300 ml/½ pt/1¼ taza de jugo de naranja

175 g/6 oz/¾ taza de mantequilla o margarina, blanda

3 huevos, ligeramente batidos

225 g/8 oz/2 tazas de harina normal (para todo uso)

75g/3oz/¾ taza de polvo de algarroba

10 ml / 2 cucharaditas de polvo de hornear

La piel de 2 naranjas

50g/2oz/½ taza de nueces picadas

Remoje las pasas en jugo de naranja durante la noche. Batir la mantequilla o margarina y los huevos hasta que quede suave. Agrega poco a poco las pasas y el jugo de naranja y el resto de los ingredientes. Vierta en un molde engrasado y enharinado de 18 cm de diámetro y hornee en un horno precalentado a 180 °C/350 °F/4 gases durante 30 minutos, luego reduzca la temperatura del horno a 160 °C/325 °F/marca de gas 3 durante otro 1¼ horas hasta que al clavar un palillo en el centro salga limpio. Dejar enfriar en el molde durante 10 minutos antes de colocar sobre una rejilla metálica para que se enfríe por completo.

Pastel de café con frutas

Para un pastel con un diámetro de 25 cm/10

450 g/1 lb/2 tazas de azúcar fina

450 g de dátiles sin hueso picados

450 g/1 lb/22/3 tazas de pasas

450 g/1 lb/22/3 tazas sultanas (pasas doradas)

100 g/1/2 taza de cerezas glaseadas (confitadas), picadas

100 g/1 taza de nueces mixtas picadas

450 ml/¾ pt/2 tazas de café negro fuerte

120 ml/4 fl oz/½ taza de aceite

100 g/1/3 taza golden (jarabe de maíz ligero).

10 ml/2 cucharaditas de canela molida

5 ml/1 cucharadita de nuez moscada rallada

Pizca de sal

10 ml/2 cucharaditas de bicarbonato de sodio (bicarbonato de sodio)

15 ml/1 cucharada de agua

2 huevos, ligeramente batidos

450 g/1 lb/4 tazas de harina normal (para todo uso)

120 ml/1/2 taza de jerez o brandy

Ponga a hervir todos los ingredientes excepto el bicarbonato de sodio, el agua, los huevos, la harina y el jerez o el brandy en una cacerola de fondo grueso. Cocine durante 5 minutos, revolviendo constantemente, luego retire del fuego y deje enfriar.

Mezcle bicarbonato de sodio con agua y agréguelo a la mezcla de frutas con huevos y harina. Vierta en un molde para pastel (bandeja) de 25 cm/10 pulgadas engrasado y forrado y átelo con una doble capa de papel de hornear (encerado) en el exterior para que sobresalga por la parte superior del molde. Hornee en un horno precalentado a 160°C/325°F/Gas 3 durante 1 hora. Reduzca la temperatura del horno a 150°C/300°F/Gas 2 y hornee por 1 hora más. Reduzca la temperatura del horno a 140°C/275°F/Gas 1 y hornee por una tercera hora. Reduzca la temperatura del horno a 120°C/250°F/½ marca de gas nuevamente y hornee durante la hora final, cubriendo la parte superior del pastel con papel de hornear (encerado) si comienza a dorarse demasiado. Después de hornear, un palillo insertado en el centro saldrá limpio y el pastel comenzará a separarse de los lados del molde.

Pastel duro de Cornualles

Hace un pastel de 900 g/2 lb

350 g/12 oz/3 tazas de harina normal (para todo uso)

2,5 ml / ½ cucharadita de sal

175 g/6 oz/¾ taza de manteca de cerdo (reducida)

75 g/3 oz/1/3 taza de azúcar en polvo

175g/6oz/1 taza de grosellas

Un poco de ralladura mezclada (confitada) picada (opcional)

Aproximadamente 150 ml/¼ pt/2/3 tazas de leche mezclada y agua

1 huevo batido

Ponga la harina y la sal en un tazón, luego frote la manteca de cerdo hasta que la mezcla parezca pan rallado. Agregue los ingredientes secos restantes. Agregue gradualmente suficiente leche y agua para hacer una masa dura. No tomará mucho. Estirar sobre una bandeja para hornear engrasada (para galletas) hasta un grosor de aproximadamente 1 cm. Pintar con huevo batido. Dibuja un patrón de cruz en la parte superior con la punta del cuchillo. Hornee en un horno precalentado a 160°C/325°F/Gas 3 durante unos 20 minutos hasta que estén doradas. Dejar enfriar y luego cortar en cuadrados.

pastel de grosella

Para un pastel con un diámetro de 23 cm/9

225g/8oz/1 taza de mantequilla o margarina

300 g/11 oz/1½ tazas de azúcar en polvo

Pizca de sal

100ml/3½oz/6½ cucharadas de agua hirviendo

3 huevos

400 g/14 oz/3½ tazas de harina normal (para todo uso)

175g/6oz/1 taza de grosellas

50 g / 2 oz / ½ taza de cáscara picada mixta (confitada)

100 ml/3½ oz/6½ cucharadas de agua fría

15 ml/1 cucharada de polvo de hornear

Poner la mantequilla o margarina, el azúcar y la sal en un bol, cubrir con agua hirviendo y reservar hasta que se ablande. Bate rápidamente hasta que la mezcla esté ligera y cremosa. Agregue gradualmente los huevos, luego mezcle la harina, las grosellas y la ralladura mezclada alternativamente con agua fría. Agregue el polvo de hornear. Vierta la masa en un molde para pasteles de 23 cm engrasado y hornee durante 30 minutos en el horno precalentado a 180°C/350°F/Gas 4. Reduzca la temperatura del horno a 150°C/300°F/Gas 2 y hornee por 150°C/300°F/Gas 2 más. 40 minutos hasta que al clavar un palillo en el centro salga limpio. Deje enfriar en la lata durante 10 minutos antes de retirar para completar el enfriamiento en la rejilla.

Pastel de frutos negros

Para un pastel con un diámetro de 25 cm/10

225 g/8 oz/1 taza de frutas mixtas picadas glaseadas (confitadas).

350 g/2 tazas de dátiles sin hueso, picados

225g/8oz/11/3 taza de pasas

225 g / 8 oz / 1 taza de cerezas glaseadas (confitadas), picadas

100 g/½ taza (confitada) de glaseado de piña, picada

100 g/1 taza de nueces mixtas picadas

225 g/8 oz/2 tazas de harina normal (para todo uso)

5 ml/1 cucharadita de bicarbonato de sodio (bicarbonato de sodio)

5 ml/1 cucharadita de canela molida

2,5 ml/½ cucharadita de pimienta de Jamaica

1,5 ml / ¼ de cucharadita de clavo molido

1,5 ml/¼ de cucharadita de sal

225 g/8 oz/1 taza de manteca de cerdo (reducida)

225 g/8 oz/1 taza de azúcar morena suave

3 huevos

175g/6oz/½ taza de melaza negra (melaza)

2,5 ml/½ cucharadita de esencia de vainilla (extracto)

120 ml/1/2 taza de suero de leche

Mezcle frutas y nueces. Mezcle la harina, el bicarbonato de sodio, las especias y la sal y mezcle 50 g/2 oz/½ taza con la fruta. Batir la manteca de cerdo con el azúcar hasta que esté suave y esponjosa. Poco a poco agregue los huevos, batiendo bien después de cada adición. Agregue la melaza y la esencia de vainilla. Agregue el suero de leche alternativamente con la mezcla de harina restante y bata hasta que quede suave. Agregue la fruta. Vierta en un molde de 25 cm de diámetro engrasado y enharinado y hornee en horno precalentado a 140°C/275°F/Gas 1 durante 2,5 horas, hasta que al insertar un palillo en el centro, éste salga limpio. Deje enfriar en el molde durante 10 minutos, luego transfiéralo a una rejilla de metal para terminar de enfriar.

Pastel "Cortar y volver".

Para un pastel con un diámetro de 20 cm.

275 g/10 oz/12/3 taza de frutas mixtas secas (mezcla para pastel de frutas)

100 g de mantequilla o margarina

150 ml/¼ pt./2/3 taza de agua

1 huevo batido

225 g/8 oz/2 tazas de harina normal (para todo uso)

Pizca de sal

100 g/4 oz/½ taza de azúcar en polvo (muy fina).

Ponga la fruta, la mantequilla o margarina y el agua en una cacerola y cocine a fuego lento durante 20 minutos. Dejar enfriar. Agregue el huevo, luego agregue gradualmente la harina, la sal y el azúcar. Vierta en un molde para pastel de 20 cm engrasado y hornee en el horno precalentado a 160 ° C / 325 ° F / 3 gas durante 1¼ horas, hasta que un palillo insertado en el centro salga limpio.

pastel dundee

Para un pastel con un diámetro de 20 cm.

225 g/8 oz/1 taza de mantequilla o margarina, blanda

225 g/8 oz/1 taza de azúcar en polvo

4 huevos grandes

225 g/8 oz/2 tazas de harina normal (para todo uso)

Pizca de sal

350g/12oz/2 tazas de grosellas

350g/12oz/2 tazas sultanas (pasas doradas)

175 g/6 oz/1 taza de cáscara picada mixta (confitada)

100 g/1 taza de cerezas (confitadas) cortadas en cuartos

Ralladura de ½ limón

50 g de almendras enteras, blanqueadas

Batir la mantequilla y el azúcar juntos hasta que esté suave y brillante. Agregue los huevos uno a la vez, batiendo bien después de cada adición. Vierta la harina y la sal. Agregue la fruta y la ralladura de limón. Picar la mitad de las almendras y añadir a la mezcla. Vierta con una cuchara en un molde para pastel (lata) de 20 cm forrado con papel y enmantequillado y ate una tira de papel marrón alrededor del exterior del molde para que quede unos 5 cm más alto que el molde. Divide las almendras reservadas y colócalas en círculos concéntricos sobre la masa. Hornee en el horno precalentado a 150°C/300°F/Gas 2 durante 3½ horas, hasta que al insertar un palillo en el centro, éste salga limpio. Verifique después de 2,5 horas y si la parte superior del pastel se está dorando demasiado, cubra con papel pergamino (encerado) húmedo y reduzca la temperatura del horno a 140°C/275°F/nivel de gas 1 durante la última hora de cocción.

Pastel de frutas sin huevos para la noche

Para un pastel con un diámetro de 20 cm.

50 g de mantequilla o margarina

225 g/8 oz/2 tazas de harina leudante (autoleudante)

5 ml/1 cucharadita de bicarbonato de sodio (bicarbonato de sodio)

5 ml/1 cucharadita de nuez moscada rallada

5 ml/1 cucharadita de mezcla de especias molidas (sidra).

Pizca de sal

225g/8oz/11/3 taza de frutas mixtas secas (mezcla para pastel de frutas)

100 g/4 oz/½ taza de azúcar morena suave

250ml/8oz/1 taza de leche

Frote la mantequilla o margarina con harina, bicarbonato de sodio, especias y sal hasta que la masa parezca pan rallado. Agregue la fruta y el azúcar, luego agregue la leche hasta que todos los ingredientes estén bien combinados. Cubra y deje toda la noche.

Transfiera la mezcla a un molde de 20 cm de diámetro engrasado y enharinado y hornee en horno precalentado a 180°C/350°F/4 grados de gas durante 1¾ horas, hasta que al insertar un palillo en el centro, éste salga limpio.

Pastel de frutas confiable

Para un pastel con un diámetro de 23 cm/9

225g/8oz/1 taza de mantequilla o margarina

200 g/7 oz/pequeño 1 taza de azúcar en polvo (muy fina).

175g/6oz/1 taza de grosellas

175g/6oz/1 taza de sultanas (pasas doradas)

50 g / 2 oz / ½ taza de cáscara picada mixta (confitada)

75 g de dátiles deshuesados, picados

5 ml/1 cucharadita de bicarbonato de sodio (bicarbonato de sodio)

200ml/7oz/menos de 1 taza de agua

75 g / 2 oz / ¼ taza de cerezas glaseadas (confitadas), picadas

100 g/1 taza de nueces mixtas picadas

60 ml/4 cucharadas de brandy o jerez

300 g/11 oz/2¾ tazas de harina normal (para todo uso)

5 ml/1 cucharadita de polvo de hornear

Pizca de sal

2 huevos, ligeramente batidos

Derrita la mantequilla o la margarina, luego agregue el azúcar, las pasas, las pasas sultanas, la ralladura mixta y los dátiles. Mezcla el bicarbonato de sodio con un poco de agua y mézclalo con el agua restante. Llevar a ebullición, luego cocine a fuego lento durante 20 minutos, revolviendo ocasionalmente. Cubra y deje toda la noche.

Engrase y cubra un molde desmontable de 23 cm/9 (bandeja) y ate una capa doble de pergamino (encerado) o papel de estraza sobre la parte superior del molde. Mezclar las cerezas, las nueces y el brandy o jerez, añadir la harina, la levadura y la sal. Agregue los huevos. Coloque con una cuchara en el molde desmontable preparado y hornee en un horno precalentado a 160°C/325°F/Gas 3 durante 1 hora. Reduzca la temperatura del horno a 140°C/275°F/Gas 1 y hornee por 1 hora más. Reduzca la temperatura del horno a 120°C/250°F/½ marca de gas nuevamente y hornee por 1 hora más, hasta que al insertar un palillo en el centro, éste salga limpio. Cubra la parte superior del pastel con un círculo de pergamino o papel marrón hacia el final de la cocción si está demasiado dorado. Deje enfriar en el molde durante 30 minutos, luego transfiéralo a una rejilla de metal para terminar de enfriar.

Pastel de frutas de jengibre

Para un pastel con un diámetro de 18 cm

100 g/1/2 taza de mantequilla o margarina, suave

100 g/4 oz/½ taza de azúcar en polvo (muy fina).

2 huevos, ligeramente batidos

30 ml/2 cucharadas de leche

225 g/8 oz/2 tazas de harina leudante (autoleudante)

5 ml/1 cucharadita de polvo de hornear

10 ml / 2 cucharaditas de mezcla de especias molidas (tarta de manzana).

5 ml/1 cucharadita de jengibre molido

100 g/4 oz/2/3 taza de pasas

100 g/4 oz/2/3 taza de sultanas (pasas doradas)

Bate la mantequilla o la margarina con el azúcar hasta que quede suave y esponjosa. Agregue gradualmente los huevos y la leche, luego la harina, el polvo de hornear y las especias, luego la fruta. Transfiera la mezcla a un molde de 18 cm engrasado y empanado y hornee en un horno precalentado a 160°C/325°F/Gas 3 durante 1¼ horas hasta que suba y se dore.

Tarta rural de frutas y miel

Para un pastel con un diámetro de 20 cm.

175 g/6 oz/2/3 taza de mantequilla o margarina, blanda

175g/6oz/½ taza de miel pura

La ralladura de 1 limón

3 huevos, ligeramente batidos

225 g/8 oz/2 tazas de harina integral (trigo integral).

10 ml / 2 cucharaditas de polvo de hornear

5 ml/1 cucharadita de mezcla de especias molidas (sidra).

100 g/4 oz/2/3 taza de pasas

100 g/4 oz/2/3 taza de sultanas (pasas doradas)

100 g/4 oz/2/3 taza de grosellas

50 g/1/3 taza de albaricoques secos listos para comer, picados

50 g / 2 oz / 1/3 taza de cáscara picada mixta (confitada)

25g/1oz/¼ taza de almendras molidas

25g/1oz/¼ taza de almendras

Bate la mantequilla o margarina, la miel y la ralladura de limón hasta que quede suave y esponjosa. Poco a poco agregue los huevos, luego agregue la harina, el polvo de hornear y la mezcla de especias. Agregue la fruta y las almendras molidas. Vierta en un molde (hoja) de 20 cm / 8 pulgadas engrasado y enharinado y haga una pequeña muesca en el centro. Coloca las almendras alrededor del borde superior del pastel. Hornee en el horno precalentado a 160°C/325°F/Gas 3 durante 2-2½ horas, hasta que al insertar un palillo en el centro, éste salga limpio. Cubra la parte superior de la torta con papel de hornear (encerado) al final de la cocción si se está dorando demasiado. Dejar enfriar en el molde durante 10 minutos antes de colocar sobre una rejilla metálica para que se enfríe por completo.

Pastel de Génova

Para un pastel con un diámetro de 23 cm/9

225 g/8 oz/1 taza de mantequilla o margarina, blanda

100 g/4 oz/½ taza de azúcar en polvo (muy fina).

4 huevos, separados

5 ml/1 cucharadita de esencia de almendras (extracto)

5 ml/1 cucharadita de piel de naranja rallada

225g/8oz/11/3 taza de pasas picadas

100 g/2/3 taza de grosellas picadas

100 g/2/3 taza de sultanas (pasas doradas), picadas

50 g / 2 oz / ¼ taza de cerezas glaseadas (confitadas), picadas

50 g / 2 oz / 1/3 taza de cáscara picada mixta (confitada)

100 g/1 taza de almendras molidas

25g/1oz/¼ taza de almendras

350 g/12 oz/3 tazas de harina normal (para todo uso)

10 ml / 2 cucharaditas de polvo de hornear

5 ml/1 cucharadita de canela molida

Batir la mantequilla o margarina con el azúcar, luego agregar las yemas de huevo, la esencia de almendras y la ralladura de naranja. Mezcla las frutas y nueces con un poco de harina hasta que estén cubiertas, luego agrega la harina, el polvo para hornear y la canela, alternando con una cucharada de la mezcla de frutas, hasta que estén bien combinados. Bate las claras de huevo hasta que estén firmes, luego incorpóralas a la mezcla. Vierta en un molde desmontable de 23 cm/9 (bandeja) engrasado y empanado y hornee en un horno precalentado a 190 °C/375 °F/gas 5 durante 30 minutos, luego reduzca la temperatura del horno a 160 °C/325 °F/gas 3 durante otras 1,5 horas hasta que esté elástica al tacto y al insertar un palillo en el centro, éste salga limpio. Dejar enfriar en el molde.

Pastel de frutas heladas

Para un pastel con un diámetro de 23 cm/9

225 g/8 oz/1 taza de mantequilla o margarina, blanda

225 g/8 oz/1 taza de azúcar en polvo

4 huevos, ligeramente batidos

45 ml/3 cucharadas de brandy

250 g/9 oz/1¼ taza de harina normal (para todo uso)

2,5 ml/½ cucharadita de polvo de hornear

Pizca de sal

225 g / 8 oz / 1 taza de frutas mixtas (confitadas) como cerezas, piña, naranjas, higos, en rodajas

100 g/4 oz/2/3 taza de pasas

100 g/4 oz/2/3 taza de sultanas (pasas doradas)

75 g de grosellas

50 g / 2 oz / ½ taza de nueces mixtas picadas

La ralladura de 1 limón

Bate la mantequilla o la margarina con el azúcar hasta que quede suave y esponjosa. Agregue gradualmente los huevos y el brandy. En un recipiente aparte, mezcle los ingredientes restantes hasta que la fruta esté bien cubierta con harina. Revuelva en la masa y mezcle bien. Vierta en un molde para pastel de 23 cm engrasado y hornee en un horno precalentado a 180°C/350°F/4 gas durante 30 minutos. Reduzca la temperatura del horno a 150°C/300°F/Gas 3 y hornee por 50 minutos más, hasta que al insertar un palillo en el centro, éste salga limpio.

Pastel de frutas Guinness

Para un pastel con un diámetro de 23 cm/9

225g/8oz/1 taza de mantequilla o margarina

225 g/8 oz/1 taza de azúcar morena suave

300 ml/½ pt/1¼ taza Guinness o stout

225g/8oz/11/3 taza de pasas

225g/8oz/11/3 taza sultanas (pasas doradas)

225g/8oz/11/3 taza de grosellas

100 g/2/3 taza de cáscara picada mixta (confitada)

550 g/1¼ lb/5 tazas de harina normal (para todo uso)

2,5 ml/½ cucharadita de bicarbonato de sodio (bicarbonato de sodio)

5 ml/1 cucharadita de mezcla de especias molidas (sidra).

2,5 ml/½ cucharadita de nuez moscada rallada

3 huevos, ligeramente batidos

Hierva la mantequilla o margarina, el azúcar y la Guinness en una cacerola pequeña a fuego lento, revolviendo hasta que estén bien combinados. Agregue la fruta y la ralladura, hierva y cocine a fuego lento durante 5 minutos. Retirar del fuego y dejar enfriar.

Mezcla la harina, el bicarbonato de sodio y las especias y haz un hueco en el centro. Agregue la mezcla de frutas frescas y el huevo y mezcle hasta que estén bien combinados. Colocar en un molde de 23 cm de diámetro engrasado y enharinado y hornear en horno precalentado a 160°C/325°F/3 gas por 2 horas, hasta que al insertar un palillo en el centro, éste salga limpio. Deje enfriar en el molde durante 20 minutos, luego transfiéralo a una rejilla de metal para terminar de enfriar.

masa picada

Para un pastel con un diámetro de 20 cm.

225 g/8 oz/2 tazas de harina leudante (autoleudante)

350g/12oz/2 tazas de carne picada

75 g/3 oz/½ taza de frutas mixtas secas (mezcla para pastel de frutas)

3 huevos

150g/5oz/2/3 taza de margarina blanda

150g/5oz/2/3 taza de azúcar morena suave

Mezclar todos los ingredientes hasta que estén bien combinados. Transfiera a un molde de 20 cm / 8 pulgadas engrasado y pan rallado y hornee en un horno precalentado a 160 ° C / 325 ° F / Gas 3 durante 1¾ horas hasta que esté bien levantado y firme al tacto.

Tarta de avena y albaricoque

Para un pastel con un diámetro de 20 cm.

175 g/6 oz/¾ taza de mantequilla o margarina, blanda

50 g/2 oz/¼ taza de azúcar moreno suave

30 ml/2 cucharadas de miel clara

3 huevos batidos

175 g/6 oz/¼ taza de harina integral (trigo integral).

50g/2oz/½ taza de avena

10 ml / 2 cucharaditas de polvo de hornear

250 g/1½ taza de mezcla de frutas secas (mezcla para pastel de frutas)

50 g/1/3 taza de albaricoques secos listos para comer, picados

Corteza rallada y jugo de 1 limón

Bate la mantequilla o la margarina y el azúcar con la miel hasta que quede suave y esponjoso. Poco a poco agregue los huevos alternando con la harina y el polvo de hornear. Agregue las frutas secas, el jugo de limón y la ralladura. Vierta en un molde para pastel de 20 cm (bandeja) engrasado y forrado con papel y hornee en un horno precalentado a 180 °C/350 °F/Gas 4 durante 1 hora. Reduzca la temperatura del horno a 160°C/325°F/Gas 3 y hornee por 30 minutos más, hasta que al insertar un palillo en el centro, éste salga limpio. Cubra la parte superior con papel de hornear si el pastel comienza a dorarse demasiado rápido.

Pastel de frutas para la noche

Para un pastel con un diámetro de 20 cm.

450 g/1 lb/4 tazas de harina normal (para todo uso)

225g/8oz/11/3 taza de grosellas

225g/8oz/11/3 taza sultanas (pasas doradas)

225 g/8 oz/1 taza de azúcar morena suave

50 g / 2 oz / 1/3 taza de cáscara picada mixta (confitada)

175 g/6 oz/¾ taza de manteca de cerdo (reducida)

15 ml/1 cucharada de golden (jarabe de maíz ligero).

10 ml/2 cucharaditas de bicarbonato de sodio (bicarbonato de sodio)

15 ml/1 cucharada de leche

300 ml/½ pinta/1¼ taza de agua

Mezclar la harina, la fruta, el azúcar y la ralladura. Disolver la manteca y el almíbar y mezclar con la mezcla. Disuelve el bicarbonato de sodio en la leche y mézclalo con la mezcla de masa y agua. Vierta en un molde desmontable de 20 cm engrasado, cubra y reserve durante la noche.

Hornea el pastel en el horno precalentado a 160°C/375°F/Gas 3 durante 1¾ horas, hasta que al insertar un palillo en el centro, éste salga limpio.

Pastel con pasas y especias

Receta para un pan de 900g/2lb

225 g/8 oz/1 taza de azúcar morena suave

300 ml/½ pinta/1¼ taza de agua

100 g de mantequilla o margarina

15 ml/1 cucharada de melaza negra (melaza)

175g/6oz/1 taza de pasas

5 ml/1 cucharadita de canela molida

2. 5 ml/½ cucharadita de nuez moscada rallada

2,5 ml/½ cucharadita de pimienta de Jamaica

225 g/8 oz/2 tazas de harina normal (para todo uso)

5 ml/1 cucharadita de polvo de hornear

5 ml/1 cucharadita de bicarbonato de sodio (bicarbonato de sodio)

Derrita el azúcar, el agua, la mantequilla o margarina, la melaza, las pasas y las especias en una cacerola pequeña a fuego medio, revolviendo constantemente. Llevar a ebullición y cocine a fuego lento durante 5 minutos. Retire del fuego y bata con el resto de los ingredientes. Pasar la mezcla a un molde de 900g engrasado y empanizado y hornear en horno precalentado a 180°C/350°F/4 gas durante 50 minutos, hasta que al pinchar con un palillo en el centro, éste salga limpio.

pastel richmond

Para un pastel con un diámetro de 15 cm.

225 g/8 oz/2 tazas de harina normal (para todo uso)

Pizca de sal

75g/3oz/1/3 taza de mantequilla o margarina

100 g/4 oz/½ taza de azúcar en polvo (muy fina).

2,5 ml/½ cucharadita de polvo de hornear

100 g/4 oz/2/3 taza de grosellas

2 huevos batidos

Algo de leche

Colocar la harina y la sal en un bol y frotar con mantequilla o margarina hasta que la mezcla parezca pan rallado. Mezcle el azúcar, el polvo de hornear y las grosellas. Agregue los huevos y suficiente leche para mezclar hasta que estén firmes. Transfiera a un molde desmontable engrasado y enharinado con un diámetro de 15 cm. Hornee en el horno precalentado a 190°C/375°F/Gas 5 durante unos 45 minutos, hasta que al insertar un palillo en el centro, éste salga limpio. Dejar enfriar sobre una rejilla.

Pastel de frutas con azafrán

Receta para dos tortas de 450 g/1 lb

2,5 ml/½ cucharadita de hebras de azafrán

Agua caliente

15 g de levadura fresca o 20 ml/ 4 cucharaditas de levadura seca

900 g/2 lb/8 tazas de harina normal (para todo uso)

225 g/8 oz/1 taza de azúcar en polvo

2,5 ml / ½ cucharadita de mezcla de especias molidas (pastel de manzana).

Pizca de sal

100 g de manteca de cerdo (corta)

100 g de mantequilla o margarina

300 ml/½ pt/1¼ taza de leche tibia

350 g/12 oz/2 tazas de mezcla de frutas secas (mezcla para pastel de frutas)

50 g / 2 oz / 1/3 taza de cáscara picada mixta (confitada)

Picar las hebras de azafrán y remojar durante la noche en 45 ml/3 cucharadas de agua tibia.

Mezcle la levadura con 30 ml/2 cucharadas de harina, 5 ml/1 cucharadita de azúcar y 75 ml/5 cucharadas de agua tibia y déjala reposar en un lugar cálido durante 20 minutos hasta que esté espumosa.

Mezclar la harina restante y el azúcar con las especias y la sal. Frote la manteca de cerdo y la mantequilla o margarina hasta que la masa parezca pan rallado, luego haga una depresión en el medio. Agregue la mezcla de levadura, el azafrán y el líquido de azafrán, la leche tibia, la fruta y la ralladura mixta y mezcle hasta obtener una masa suave. Colocar en un bol aceitado, tapar con film transparente (film) y reservar en un lugar cálido durante 3 horas.

Forme dos panes, colóquelos en dos moldes para pasteles de 450 g engrasados y hornee en un horno precalentado a 220 °C/450 °F/Gas 7 durante 40 minutos hasta que estén bien subidos y dorados.

Pastel De Fruta De Soda

Hace un pastel 450 g/1 lb

225 g/8 oz/2 tazas de harina normal (para todo uso)

1,5 ml/¼ de cucharadita de sal

Una pizca de bicarbonato de sodio (bicarbonato de sodio)

50 g de mantequilla o margarina

50 g/2 oz/¼ taza de azúcar en polvo (muy fina).

100 g/2/3 taza de frutas mixtas secas (mezcla de pastel de frutas)

150 ml/¼ pt./2/3 tazas de leche agria o leche con 5 ml/1 cucharadita de jugo de limón

5 ml/1 cucharadita de melaza negra (melaza)

En un tazón, mezcle la harina, la sal y el bicarbonato de sodio. Frote la mantequilla o la margarina hasta que la mezcla parezca pan rallado. Agregue el azúcar y la fruta y mezcle bien. Caliente la leche y la melaza hasta que la melaza se derrita, luego agregue a los ingredientes secos y mezcle hasta que estén firmes. Vierta en un molde engrasado de 450 g y hornee en un horno precalentado a 190 °C/375 °F/Gas 5 durante unos 45 minutos hasta que se doren.

Pastel de frutas rápido

Para un pastel con un diámetro de 20 cm.

450 g/1 lb/22/3 tazas de frutas secas mixtas (mezcla de pastel de frutas)

225 g/8 oz/1 taza de azúcar morena suave

100 g de mantequilla o margarina

150 ml/¼ pt./2/3 taza de agua

2 huevos batidos

225 g/8 oz/2 tazas de harina leudante (autoleudante)

Lleve a ebullición la fruta, el azúcar, la mantequilla o margarina y el agua, luego tape y cocine a fuego lento durante 15 minutos. Dejar enfriar. Agregue los huevos y la harina, luego transfiera la mezcla a un molde para pastel de 20 cm/8 pulgadas engrasado y forrado y hornee en el horno precalentado a 150 °C/300 °F/Gas 3 durante 1,5 horas hasta que se dore y se encoja. lejos de los lados de la lata.

Pastel de frutas con té caliente

Hace un pastel de 900 g/2 lb

450 g/1 lb/2½ tazas de mezcla de frutas secas (mezcla para pastel de frutas)

300 ml/½ pt/1¼ taza de té negro caliente

350 g/10 oz/1¼ taza de azúcar morena blanda

350 g/10 oz/2½ taza de harina leudante (autoleudante)

1 huevo batido

Ponga la fruta en té caliente y déjala en remojo durante la noche. Mezclar el azúcar, la harina y el huevo y verter en un molde para pan (bandeja) de 900 g engrasado y forrado. Hornee en un horno precalentado a 160°C/325°F/Gas 3 durante 2 horas hasta que se levante bien y se dore.

Pastel de frutas de té frío

Para un pastel con un diámetro de 15 cm.

100 g de mantequilla o margarina

225g/8oz/11/3 taza de frutas mixtas secas (mezcla para pastel de frutas)

250 ml/8 fl oz/1 taza de té negro frío

225 g/8 oz/2 tazas de harina leudante (autoleudante)

100 g/4 oz/½ taza de azúcar en polvo (muy fina).

5 ml/1 cucharadita de bicarbonato de sodio (bicarbonato de sodio)

1 huevo grande

Derrita la mantequilla o margarina en una cacerola, agregue fruta y té y deje hervir. Cocine por 2 minutos y luego deje enfriar. Agregue el resto de los ingredientes y mezcle bien. Vierta en un molde de 15 cm/6 engrasado y empanado y hornee en un horno precalentado a 160°C/325°F/Gas 3 durante 1¼-1½ horas hasta que esté firme al tacto. Deje enfriar, luego sirva en rodajas y untado con mantequilla.

Pastel de frutas sin azúcar

Para un pastel con un diámetro de 20 cm.

4 albaricoques secos

60 ml/4 cucharadas de jugo de naranja

250 ml/8 fl oz/1 taza de cerveza negra

100 g/4 oz/2/3 taza de sultanas (pasas doradas)

100 g/4 oz/2/3 taza de pasas

50 g de grosellas

50 g de mantequilla o margarina

225 g/8 oz/2 tazas de harina leudante (autoleudante)

75g/3oz/¾ taza de nueces mixtas picadas

10 ml / 2 cucharaditas de mezcla de especias molidas (tarta de manzana).

5 ml/1 cucharadita de café instantáneo en polvo

3 huevos, ligeramente batidos

15 ml/1 cucharada de brandy o whisky

Remoje los albaricoques en jugo de naranja hasta que estén suaves, luego pique. Colocar en una cacerola con la cerveza negra, los frutos secos y la mantequilla o margarina, llevar a ebullición y cocer a fuego lento durante 20 minutos. Dejar enfriar.

Mezcla harina, nueces, especias y café. Agregue la mezcla espesa, los huevos y el brandy o el whisky. Verter la mezcla en un molde de 20 cm de diámetro engrasado y rebozado y hornear en horno precalentado a 180°C/350°F/gas 4 durante 20 minutos. Reduzca la temperatura del horno a 150 °C/300 °F/Gas 2 y hornee durante 1,5 horas más, hasta que al insertar un palillo en el centro, éste salga limpio. Cubra la parte superior con papel pergamino (encerado) para hornear al final del tiempo de cocción si se dora demasiado. Dejar enfriar en el molde durante 10 minutos antes de colocar sobre una rejilla metálica para que se enfríe por completo.

Pasteles De Frutas Pequeños

Hace 48

100 g/1/2 taza de mantequilla o margarina, suave

225 g/8 oz/1 taza de azúcar morena suave

2 huevos, ligeramente batidos

175 g/6 oz/1 taza de dátiles sin hueso (sin hueso), picados

50 g / 2 oz / ½ taza de nueces mixtas picadas

15 ml/1 cucharada de piel de naranja rallada

225 g/8 oz/2 tazas de harina normal (para todo uso)

5 ml/1 cucharadita de bicarbonato de sodio (bicarbonato de sodio)

2,5 ml / ½ cucharadita de sal

150 ml/¼ pt/2/3 taza de suero de leche

6 cerezas heladas (confitadas), en rodajas

Glaseado de naranja para pasteles

Bate la mantequilla o la margarina con el azúcar hasta que quede suave y esponjosa. Batir los huevos poco a poco. Agregue los dátiles, las nueces y la cáscara de naranja. Mezclar la harina, el bicarbonato de sodio y la sal. Agregue a la mezcla alternando con el suero de leche y bata hasta que esté bien combinado. Vierta en moldes para muffins (moldes) de 5 cm/2 engrasados y decore con cerezas. Hornee en el horno precalentado a 190°C/375°F/Gas 5 durante 20 minutos, hasta que al insertar un palillo en el centro, éste salga limpio. Transfiera a una rejilla para que se enfríe y deje que se caliente, luego cepille con glaseado de naranja.

Pastel de vinagre de frutas

Para un pastel con un diámetro de 23 cm/9

225g/8oz/1 taza de mantequilla o margarina

450 g/1 lb/4 tazas de harina normal (para todo uso)

225g/8oz/11/3 taza sultanas (pasas doradas)

100 g/4 oz/2/3 taza de pasas

100 g/4 oz/2/3 taza de grosellas

225 g/8 oz/1 taza de azúcar morena suave

5 ml/1 cucharadita de bicarbonato de sodio (bicarbonato de sodio)

300 ml/½ pt/1¼ taza de leche

45 ml/3 cucharadas de vinagre de malta

Frote la mantequilla o margarina con harina hasta que la masa parezca pan rallado. Mezclar la fruta y el azúcar y hacer un hueco en el medio. Mezcle el bicarbonato de sodio, la leche y el vinagre; la mezcla hará espuma. Mezclar con los ingredientes secos hasta que estén bien combinados. Verter la mezcla en un molde de 23 cm de diámetro engrasado y rebozado y hornear en horno precalentado a 200°C/400°F/Gas 6 durante 25 minutos. Reduzca la temperatura del horno a 160 °C/325 °F/Gas 3 y hornee por otras 1,5 horas hasta que esté dorado y firme al tacto. Deje enfriar en el molde durante 5 minutos, luego transfiéralo a una rejilla de metal para terminar de enfriar.

Pastel de whisky de Virginia

Hace un pastel 450 g/1 lb

100 g/1/2 taza de mantequilla o margarina, suave

50 g/2 oz/¼ taza de azúcar en polvo (muy fina).

3 huevos, separados

175 g/6 oz/1½ taza de harina normal (para todo uso)

5 ml/1 cucharadita de polvo de hornear

Una pizca de nuez moscada rallada

Una pizca de maza molida

Oporto de 120 ml/4 fl oz/½ taza

30 ml/2 cucharadas de brandy

100 g/2/3 taza de frutas mixtas secas (mezcla de pastel de frutas)

120ml/4oz/½ taza de whisky

Batir la mantequilla y el azúcar hasta que quede suave. Agregue las yemas. Mezclar la harina con el polvo de hornear y las especias e incorporar a la mezcla. Agregue el oporto, el brandy y los frutos secos. Batir las claras de huevo a punto de nieve, luego agregar a la mezcla. Vierta en un molde engrasado de 450 g y hornee en horno precalentado a 160 °C/325 °F/Gas 3 durante 1 hora, hasta que al insertar un palillo en el centro, éste salga limpio. Deje enfriar en el molde, luego vierta el whisky sobre el bizcocho y déjelo en el molde durante 24 horas antes de rebanarlo.

Tarta galesa de frutas

Para un pastel con un diámetro de 23 cm/9

50 g de mantequilla o margarina

50 g/2 oz/¼ taza de manteca de cerdo (reducida)

225 g/8 oz/2 tazas de harina normal (para todo uso)

Pizca de sal

10 ml / 2 cucharaditas de polvo de hornear

100 g/4 oz/½ taza de azúcar demerara

175 g/6 oz/1 taza de mezcla de frutas secas (mezcla para pastel de frutas)

Corteza rallada y jugo de ½ limón

1 huevo, ligeramente batido

30 ml/2 cucharadas de leche

Frote la mantequilla o margarina y la manteca de cerdo con harina, sal y polvo de hornear hasta que la masa parezca pan rallado. Agregue el azúcar, la fruta y la ralladura y el jugo de limón, luego agregue el huevo y la leche y amase hasta obtener una masa suave. Forme un molde para hornear (bandeja) cuadrado de 23 cm/9 forrado con papel y enmantequillado y hornee en un horno precalentado a 200 °C/400 °F/gas 6 durante 20 minutos hasta que suba y se dore.

Pastel de frutas blancas

Para un pastel con un diámetro de 23 cm/9

100 g/1/2 taza de mantequilla o margarina, suave

225 g/8 oz/1 taza de azúcar en polvo

5 huevos, ligeramente batidos

350 g/12 oz/2 tazas de frutas mixtas secas

350g/12oz/2 tazas sultanas (pasas doradas)

100 g de dátiles sin hueso (sin hueso), picados

100 g/1/2 taza de cerezas glaseadas (confitadas), picadas

100 g/½ taza (confitada) de glaseado de piña, picada

100 g/1 taza de nueces mixtas picadas

225 g/8 oz/2 tazas de harina normal (para todo uso)

10 ml / 2 cucharaditas de polvo de hornear

2,5 ml / ½ cucharadita de sal

60 ml/4 cucharadas de jugo de piña

Bate la mantequilla o la margarina con el azúcar hasta que quede suave y esponjosa. Poco a poco agregue los huevos, batiendo bien después de cada adición. Mezcle todas las frutas, nueces y un poco de harina hasta que los ingredientes estén bien cubiertos con harina. Agregue el polvo de hornear y la sal con la harina restante, luego agregue la mezcla de huevo alternando con el jugo de piña hasta que se mezcle uniformemente. Agregue la fruta y mezcle bien. Vierta en un molde de 23 cm/9 (bandeja) engrasado y empanado y hornee en un horno precalentado a 140 °C/275 °F/Marca de gas 1 durante aproximadamente 2½ horas, hasta que al insertar un palillo en el centro, éste salga limpio. Dejar enfriar en el molde durante 10 minutos antes de colocar sobre una rejilla metálica para que se enfríe por completo.

Tarta de manzana

Para un pastel con un diámetro de 20 cm.

175 g/6 oz/1½ taza de harina leudante (autoleudante)

5 ml/1 cucharadita de polvo de hornear

Pizca de sal

150g/5oz/2/3 taza de mantequilla o margarina

150 g / 5 oz / 2/3 taza de azúcar en polvo

1 huevo batido

175ml/6oz/¾ taza de leche

3 manzanas comestibles (de postre), peladas, sin corazón y rebanadas

2,5 ml/½ cucharadita de canela molida

15 ml/1 cucharada de miel clara

Mezclar la harina, el polvo de hornear y la sal. Frote la mantequilla o la margarina hasta que la mezcla parezca pan rallado, luego mezcle el azúcar. Mezclar el huevo y la leche. Vierta la mezcla en un molde desmontable de 20 cm/8" engrasado y forrado con papel (bandeja) y presione suavemente las rodajas de manzana encima. Espolvorea con canela y vierte sobre la miel. Hornee en un horno precalentado a 200°C/400°F/Gas 6 durante 45 minutos hasta que esté dorado y firme al tacto.

Tarta de manzana con tapas crujientes

Para un pastel con un diámetro de 20 cm.

75g/3oz/1/3 taza de mantequilla o margarina

175 g/6 oz/1½ taza de harina leudante (autoleudante)

50 g/2 oz/¼ taza de azúcar en polvo (muy fina).

1 huevo

75 ml/5 cucharadas de agua

3 manzanas (de postre) peladas, sin semillas y cortadas en cuartos

Para la cobertura:
75g/3oz/1/3 taza de azúcar demerara

10 ml/2 cucharaditas de canela molida

25 g/1 oz/2 cucharadas de mantequilla o margarina

Frote la mantequilla o margarina con harina hasta que la masa parezca pan rallado. Agregue el azúcar, luego mezcle el huevo y el agua para hacer una masa suave. Agregue un poco más de agua si la mezcla está demasiado seca. Extienda la masa en 20 cm/8 en un molde desmontable (sartén) y presione las manzanas en la masa. Espolvorear con azúcar demerara y canela y rociar con mantequilla o margarina. Hornee en un horno precalentado a 180°C/350°F/Gas 4 durante 30 minutos hasta que esté dorado y firme al tacto.

Tarta de manzana americana

Para un pastel con un diámetro de 20 cm.

50 g de mantequilla o margarina blanda

225 g/8 oz/1 taza de azúcar morena suave

1 huevo, ligeramente batido

5 ml/1 cucharadita de esencia de vainilla (extracto)

100 g / 4 oz / 1 taza de harina normal (para todo uso)

2,5 ml/½ cucharadita de polvo de hornear

2,5 ml/½ cucharadita de bicarbonato de sodio (bicarbonato de sodio)

2,5 ml / ½ cucharadita de sal

2,5 ml/½ cucharadita de canela molida

2,5 ml/½ cucharadita de nuez moscada rallada

450 g de manzanas de postre, peladas, sin semillas y cortadas en dados

25g/1oz/¼ taza de almendras picadas

Bate la mantequilla o la margarina con el azúcar hasta que quede suave y esponjosa. Agrega poco a poco el huevo y la esencia de vainilla. Agregue la harina, el polvo de hornear, el bicarbonato de sodio, la sal y las especias y mezcle hasta que los ingredientes se combinen. Agregue las manzanas y las nueces. Vierta en una lata (bandeja) cuadrada de 20 cm forrada con papel pergamino y hornee en un horno precalentado a 180 ° C / 350 ° F / 4 gas durante 45 minutos, hasta que un palillo insertado en el centro salga limpio.

Tarta de manzana con puré

Hace un pastel de 900 g/2 lb

100 g/1/2 taza de mantequilla o margarina, suave

225 g/8 oz/1 taza de azúcar morena suave

2 huevos, ligeramente batidos

225 g/8 oz/2 tazas de harina normal (para todo uso)

5 ml/1 cucharadita de canela molida

2,5 ml/½ cucharadita de nuez moscada rallada

100 g/1 taza de puré de manzana (salsa)

5 ml/1 cucharadita de bicarbonato de sodio (bicarbonato de sodio)

30 ml/2 cucharadas de agua caliente

Bate la mantequilla o la margarina con el azúcar hasta que quede suave y esponjosa. Poco a poco mezcle los huevos. Mezclar la harina, la canela, la nuez moscada y el puré de manzana. Mezcle bicarbonato de sodio con agua caliente y revuelva en la mezcla. Vierta en un molde engrasado de 900 g y hornee en horno precalentado a 180 °C/350 °F/Gas 4 durante 1¼ horas, hasta que al insertar un palillo en el centro, éste salga limpio.

Tarta de manzana a la sidra

Para un pastel con un diámetro de 20 cm.

100 g/1/2 taza de mantequilla o margarina, suave

150 g / 5 oz / 2/3 taza de azúcar en polvo

3 huevos

225 g/8 oz/2 tazas de harina leudante (autoleudante)

5 ml/1 cucharadita de mezcla de especias molidas (sidra).

5 ml/1 cucharadita de bicarbonato de sodio (bicarbonato de sodio)

5 ml/1 cucharadita de polvo de hornear

150 ml/¼ pt/2/3 taza de sidra seca

2 manzanas para cocinar (ralladas), peladas, sin corazón y rebanadas

75g/3oz/1/3 taza de azúcar demerara

100 g/1 taza de nueces mixtas picadas

Mezcle la mantequilla o margarina, el azúcar, los huevos, la harina, los condimentos, el bicarbonato de sodio, el polvo de hornear y 120 ml/½ taza de sidra hasta que estén bien mezclados, agregando el resto de la sidra si es necesario para hacer una masa suave. Poner la mitad de la masa en un molde desarmable de 20 cm, untado con mantequilla y empanado, y cubrir con la mitad de las rodajas de manzana. Mezclar el azúcar y las nueces y distribuir la mitad sobre las manzanas. Vierta sobre la mezcla de masa restante y espolvoree sobre las manzanas restantes y el resto de la mezcla de azúcar y nueces. Hornee en un horno precalentado a 180°C/350°F/Gas 4 durante 1 hora hasta que esté dorado y firme al tacto.

Pastel De Manzana Y Canela

Para un pastel con un diámetro de 23 cm/9

100 g de mantequilla o margarina

100 g/4 oz/½ taza de azúcar en polvo (muy fina).

1 huevo, ligeramente batido

100 g / 4 oz / 1 taza de harina normal (para todo uso)

5 ml/1 cucharadita de polvo de hornear

30 ml/2 cucharadas de leche (opcional)

2 manzanas grandes cocidas (ácidas), peladas, sin corazón y rebanadas

30 ml/2 cucharadas de azúcar fina

5 ml/1 cucharadita de canela molida

25g/1oz/¼ taza de almendras picadas

30 ml/2 cucharadas de azúcar demerara

Bate la mantequilla o la margarina con el azúcar hasta que quede suave y esponjosa. Batir gradualmente el huevo, luego agregar la harina y el polvo de hornear. La mezcla debe quedar bastante rígida; si está demasiado rígido, agregue un poco de leche. Verter la mitad de la mezcla en un molde para tarta de 23 cm de diámetro con fondo suelto, engrasado y forrado con papel de horno. Coloque las rodajas de manzana encima. Mezcle el azúcar y la canela y espolvoree las manzanas con las almendras. Decora con el resto de la torta y espolvorea con azúcar demerara. Hornea en el horno precalentado a 180°C/350°F/Gas 4 durante 30-35 minutos, hasta que al insertar un palillo en el centro, éste salga limpio.

tarta de manzana española

Para un pastel con un diámetro de 23 cm/9

175 g/6 oz/¾ taza de mantequilla o margarina

6 manzanas Coxa (de postre), peladas, sin corazón y en rodajas

30 ml/2 cucharadas de brandy de manzana

175 g/6 oz/¾ taza de azúcar en polvo

150 g/5 oz/1¼ taza de harina normal (para todo uso)

10 ml / 2 cucharaditas de polvo de hornear

5 ml/1 cucharadita de canela molida

3 huevos, ligeramente batidos

45 ml/3 cucharadas de leche

Para el glaseado:
60 ml/4 cucharadas de mermelada de albaricoque (enlatada), tamizada (filtrada)

15 ml/1 cucharada de brandy de manzana

5 ml/1 cucharadita de harina de maíz (fécula de maíz)

10 ml/2 cucharaditas de agua

Derrita la mantequilla o margarina en una sartén grande (sartén) y fría los trozos de manzana a fuego lento durante 10 minutos, revolviendo una vez, para que queden cubiertos con mantequilla. Retire del fuego. Corta un tercio de las manzanas y agrega el brandy de manzana, luego mezcla el azúcar, la harina, el polvo para hornear y la canela. Añadir los huevos y la leche y mezclar con una cuchara en un molde desmontable de 23 cm/9 engrasado y enharinado con fondo suelto (bandeja). Coloque las rodajas de manzana restantes encima. Hornee en un horno precalentado a 180°C/350°F/Gas 4 durante 45 minutos hasta que esté bien levantado y dorado y comience a separarse de los lados de la fuente.

Para hacer la cobertura, calentar la mermelada y el brandy juntos. Mezcle la harina de maíz con agua en una pasta y mezcle con mermelada y brandy. Cocine por unos minutos, revolviendo hasta que se aclare. Pincelar el bizcocho tibio y dejar enfriar durante 30 minutos. Retire los lados del molde desmontable, vuelva a calentar el glaseado y cepille por segunda vez. Dejar enfriar.

Tarta de manzana y sultán

Para un pastel con un diámetro de 20 cm.

350 g/12 oz/3 tazas de harina leudante (autoleudante)

Pizca de sal

2,5 ml/½ cucharadita de canela molida

225g/8oz/1 taza de mantequilla o margarina

175 g/6 oz/¾ taza de azúcar en polvo

100 g/4 oz/2/3 taza de sultanas (pasas doradas)

450 g de manzanas (ralladas) para cocinar, peladas, sin corazón y picadas finamente

2 huevos

Algo de leche

Mezcle la harina, la sal y la canela, luego frote con mantequilla o margarina hasta que la mezcla parezca pan rallado. Agregue el azúcar. Haga un pozo en el centro y agregue las sultanas, las manzanas y los huevos y mezcle bien, agregando un poco de leche para obtener una mezcla espesa. Vierta en un molde desmontable engrasado de 20 cm y hornee en un horno precalentado a 180°C/350°F/Gas 4 durante aproximadamente 1½-2 horas hasta que esté firme al tacto. Servir caliente o frío.

Tarta de manzana al revés

Para un pastel con un diámetro de 23 cm/9

2 manzanas comestibles (de postre), peladas, sin corazón y en rodajas finas

75g/3oz/1/3 taza de azúcar moreno blando

45 ml/3 cucharadas de pasas

30 ml/2 cucharadas de jugo de limón

En el pastel:

200 g/7 oz/1¾ taza de harina normal (para todo uso)

50 g/2 oz/¼ taza de azúcar en polvo (muy fina).

10 ml / 2 cucharaditas de polvo de hornear

5 ml/1 cucharadita de bicarbonato de sodio (bicarbonato de sodio)

5 ml/1 cucharadita de canela molida

Pizca de sal

120 ml/4 fl oz/½ taza de leche

50 g/½ taza de puré de manzana (salsa)

75 ml/5 cucharadas de aceite

1 huevo, ligeramente batido

5 ml/1 cucharadita de esencia de vainilla (extracto)

Mezcle las manzanas, el azúcar, las pasas y el jugo de limón y colóquelo en el fondo de un molde para pastel engrasado de 23 cm. Mezclar los ingredientes secos para la masa y hacer un hueco en el medio. Mezcla la leche, el puré de manzana, el aceite, el huevo y la esencia de vainilla y mezcla con los ingredientes secos hasta que se combinen. Vierta en el molde desmontable y hornee en un horno precalentado a 180°C/350°F/gas 4 durante 40 minutos, hasta que la masa esté dorada y comience a separarse de los lados del molde.

Dejar enfriar en el molde durante 10 minutos, luego invertir con cuidado en un plato. Servir caliente o frío.

pastel de albaricoque

Receta para un pan de 900g/2lb

225 g/8 oz/1 taza de mantequilla o margarina, blanda

225 g/8 oz/1 taza de azúcar en polvo

2 huevos, bien batidos

6 albaricoques maduros, deshuesados (sin semillas), pelados y triturados

300 g/11 oz/2¾ tazas de harina normal (para todo uso)

5 ml/1 cucharadita de bicarbonato de sodio (bicarbonato de sodio)

Pizca de sal

75g/3oz/¾ taza de almendras picadas

Batir la mantequilla o margarina con el azúcar. Agregue gradualmente los huevos, luego mezcle con los albaricoques. Batir la harina, el bicarbonato de sodio y la sal. Agregue las nueces. Vierta en un molde de 900 g/2 lb engrasado y enharinado y hornee en un horno precalentado a 180 °C/350 °F/Marca de gas 4 durante 1 hora, hasta que al insertar un palillo en el centro, éste salga limpio. Dejar enfriar en el molde antes de desmoldar.

Pastel de albaricoque y jengibre

Para un pastel con un diámetro de 18 cm

100 g/4 oz/1 taza de harina leudante (autoleudante)

100 g/4 oz/½ taza de azúcar morena suave

10 ml/2 cucharaditas de jengibre molido

100 g/1/2 taza de mantequilla o margarina, suave

2 huevos, ligeramente batidos

100 g/2/3 taza de albaricoques secos listos para comer, picados

50g/2oz/1/3 taza de pasas

Bate la harina, el azúcar, el jengibre, la mantequilla o margarina y los huevos hasta que quede suave. Agregue los albaricoques y las pasas. Transfiera la mezcla a un molde para pastel (bandeja) de 18 cm engrasado y forrado y hornee en el horno precalentado a 180 ° C / 350 ° F / Gas marca 4 durante 30 minutos, hasta que un palillo insertado en el centro salga limpio.

Tarta Tipty De Albaricoque

Para un pastel con un diámetro de 20 cm.

120 ml/4 fl oz/½ taza de brandy o ron

120 ml/4 fl oz/½ taza de jugo de naranja

225 g/11/3 tazas de albaricoques secos listos para comer, en rodajas

100 g/4 oz/2/3 taza de sultanas (pasas doradas)

175 g/6 oz/¾ taza de mantequilla o margarina, blanda

45 ml/3 cucharadas de miel clara

4 huevos, separados

175 g/6 oz/1½ taza de harina leudante (autoleudante)

10 ml / 2 cucharaditas de polvo de hornear

Hervir brandy o ron y jugo de naranja con albaricoques y sultanas. Mezclar bien, luego retirar del fuego y dejar enfriar. Batir la mantequilla o la margarina con miel, luego agregar gradualmente las yemas de huevo. Vierta la harina y el polvo de hornear. Batir las claras de huevo hasta que estén rígidas, luego incorporar suavemente a la mezcla. Vierta en un molde para pastel de 20 cm engrasado y empanado y hornee en un horno precalentado a 180 ° C / 350 ° F / 4 gas durante 1 hora, hasta que un palillo insertado en el centro salga limpio. Dejar enfriar en el molde.

pastel de platano

Para una tarta de 23 x 33 cm/9 x 13

4 plátanos maduros, machacados

2 huevos, ligeramente batidos

350 g/12 oz/1½ tazas de azúcar en polvo

120 ml/4 fl oz/½ taza de aceite

5 ml/1 cucharadita de esencia de vainilla (extracto)

50 g / 2 oz / ½ taza de nueces mixtas picadas

225 g/8 oz/2 tazas de harina normal (para todo uso)

10 ml/2 cucharaditas de bicarbonato de sodio (bicarbonato de sodio)

5 ml/1 cucharadita de sal

Bate los plátanos, los huevos, el azúcar, el aceite y la vainilla hasta que quede cremoso. Agregue el resto de los ingredientes y mezcle solo hasta que se combinen. Coloque con una cuchara en un molde desmontable de 23 x 33 cm/9 x 13 pulgadas y hornee en un horno precalentado a 180 °C/350 °F/4 gases durante 45 minutos, hasta que al insertar un palillo en el centro, éste salga seco.

Pastel de plátano crujiente

Para un pastel con un diámetro de 23 cm/9

100 g/1/2 taza de mantequilla o margarina, suave

300g/11oz/11/3 tazas de azúcar fina

2 huevos, ligeramente batidos

175 g/6 oz/1½ taza de harina normal (para todo uso)

2,5 ml / ½ cucharadita de sal

1,5 ml/½ cucharadita de nuez moscada rallada

5 ml/1 cucharadita de bicarbonato de sodio (bicarbonato de sodio)

75 ml/5 cucharadas de leche

unas gotas de esencia de vainilla (extracto)

4 plátanos, machacados

                       Para la cobertura:

50g/2oz/¼ taza azúcar demerara

50 g/2 oz/2 tazas de hojuelas de maíz trituradas

2,5 ml/½ cucharadita de canela molida

25 g/1 oz/2 cucharadas de mantequilla o margarina

Bate la mantequilla o margarina y el azúcar hasta que quede suave y esponjoso. Agregue gradualmente los huevos, luego agregue la harina, la sal y la nuez moscada. Mezcla bicarbonato de sodio con leche y esencia de vainilla y mezcla con plátanos. Pasar con una cuchara a un molde (plato) cuadrado de 23 cm de diámetro engrasado con papel de horno y forrado con papel de horno.

Para hacer la cobertura, mezcle el azúcar, las hojuelas de maíz y la canela y frote la mantequilla o la margarina. Espolvorea sobre el pastel y hornea en un horno precalentado a 180°C/350°F/Gas 4 durante 45 minutos hasta que esté firme al tacto.

Esponja De Plátano

Para un pastel con un diámetro de 23 cm/9

100 g/1/2 taza de mantequilla o margarina, suave

100 g/4 oz/½ taza de azúcar en polvo (muy fina).

2 huevos batidos

2 plátanos maduros grandes, machacados

225 g/8 oz/1 taza de harina leudante (autoleudante)

45 ml/3 cucharadas de leche

Para el relleno y cobertura:

225g/8oz/1 taza de queso crema

30 ml/2 cucharadas de crema agria (de leche)

100 g de chips de plátano deshidratado

Bate la mantequilla o la margarina con el azúcar hasta que quede suave y esponjosa. Agregue gradualmente los huevos, luego mezcle con los plátanos y la harina. Revuelva la leche hasta que la mezcla tenga una consistencia similar a una gota. Vierta en un molde para pastel de 23 cm engrasado y empanado y hornee en un horno precalentado a 180 ° C / 350 ° F / 4 gas durante aproximadamente 30 minutos, hasta que un palillo insertado en el centro salga limpio. Retirar a una rejilla y dejar enfriar, luego cortar por la mitad horizontalmente.

Para hacer la cobertura, bata el queso crema y la crema agria y use la mitad de la mezcla para unir las dos mitades del pastel. Extiende la mezcla restante encima y decora con chips de plátano.

Pastel de plátano alto en fibra

Para un pastel con un diámetro de 18 cm

100 g/1/2 taza de mantequilla o margarina, suave

50 g/2 oz/¼ taza de azúcar moreno suave

2 huevos, ligeramente batidos

100 g/4 oz/1 taza de harina integral (trigo integral).

10 ml / 2 cucharaditas de polvo de hornear

2 plátanos, machacados

Para el llenado:

225g/8oz/1 taza de queso cottage (queso cottage suave).

5 ml/1 cucharadita de jugo de limón

15 ml/1 cucharada de miel clara

1 plátano, en rodajas

Azúcar en polvo (de repostería), tamizada, para espolvorear

Bate la mantequilla o la margarina con el azúcar hasta que quede suave y esponjosa. Poco a poco agregue los huevos, luego agregue la harina y el polvo de hornear. Mezcle suavemente los plátanos. Vierta la mezcla en dos moldes de 18 cm/7 enmantecados y enharinados y hornee en el horno precalentado durante 30 minutos hasta que esté firme al tacto. Dejar enfriar.

Para preparar el relleno, bate el queso crema, el jugo de limón y la miel y espárcelo sobre una de las tortas. Coloque las rodajas de plátano encima, luego cubra con el segundo pastel. Servir espolvoreado con azúcar glass.

Pastel De Plátano Y Limón

Para un pastel con un diámetro de 18 cm

100 g/1/2 taza de mantequilla o margarina, suave

175 g/6 oz/¾ taza de azúcar en polvo

2 huevos, ligeramente batidos

225 g/8 oz/2 tazas de harina leudante (autoleudante)

2 plátanos, machacados

Para el relleno y cobertura:

75 ml/5 cucharadas de crema de limón

2 plátanos, en rodajas

45 ml/3 cucharadas de jugo de limón

100 g/2/3 taza de azúcar glass (de confitería), tamizada

Bate la mantequilla o la margarina con el azúcar hasta que quede suave y esponjosa. Poco a poco agregue los huevos, batiendo bien después de cada adición, luego agregue la harina y los plátanos. Vierta la masa en dos moldes de 18 cm / 7 cm cubiertos con mantequilla y pan rallado y hornee en un horno precalentado a 180 ° C / 350 ° F / Gas 4 durante 30 minutos. Retirar y dejar enfriar.

Coloque las tortas junto con la cuajada de limón y la mitad de las rodajas de plátano. Rocíe las rodajas de plátano restantes con 15 ml/1 cucharada de jugo de limón. Mezcle el jugo de limón restante con el azúcar en polvo para hacer un glaseado rígido (glaseado). Vierte el betún sobre el pastel y decora con rodajas de plátano.

Pastel De Chocolate Con Licuadora

Para un pastel con un diámetro de 20 cm.

225 g/8 oz/2 tazas de harina leudante (autoleudante)

2,5 ml/½ cucharadita de polvo de hornear

40 g/3 cucharadas de chocolate en polvo para beber

2 huevos

60 ml/4 cucharadas de leche

150 g / 5 oz / 2/3 taza de azúcar en polvo

100 g/1/2 taza de margarina blanda

2 plátanos maduros, picados

Mezclar la harina, el polvo de hornear y el chocolate para beber. Mezcle los ingredientes restantes en una licuadora o procesador de alimentos durante unos 20 segundos; la mezcla se verá cuajada. Vierta en los ingredientes secos y mezcle bien. Transfiera a un molde para pastel de 20 cm untado con mantequilla y pan rallado y hornee en un horno precalentado a 180 ° C / 350 ° F / Gas 4 durante aproximadamente 1 hora, hasta que un palillo insertado en el centro salga limpio. Retire a una rejilla de metal para enfriar.

Pastel de plátano y nuez

Hace un pastel de 900 g/2 lb

275 g/10 oz/2½ tazas de harina normal (para todo uso)

225 g/8 oz/1 taza de azúcar en polvo

100 g/1 taza de maní, finamente picado

15 ml/1 cucharada de polvo de hornear

Pizca de sal

2 huevos, separados

6 plátanos, machacados

Ralladura rallada y jugo de 1 limón pequeño

50 g de mantequilla o margarina derretida

Mezclar la harina, el azúcar, las nueces, el polvo de hornear y la sal. Bate las yemas de huevo y mézclalas con plátanos, ralladura de limón y jugo y mantequilla o margarina. Bate las claras de huevo hasta que estén firmes, luego incorpóralas a la mezcla. Vierta en un molde engrasado de 900 g y hornee en horno precalentado a 180 °C/350 °F/Gas 4 durante 1 hora, hasta que al insertar un palillo en el centro, éste salga limpio.

Torta universal con plátanos y pasas

Hace un pastel de 900 g/2 lb

450 g de plátanos maduros, triturados

50 g / 2 oz / ½ taza de nueces mixtas picadas

120 ml/4 fl oz/½ taza de aceite de girasol

100 g/4 oz/2/3 taza de pasas

75g/3oz/¾ taza de avena

150 g/5 oz/1¼ taza de harina integral (trigo integral).

1,5 ml/¼ de cucharadita de esencia de almendras (extracto)

Pizca de sal

Mezcle todos los ingredientes hasta que estén suaves y húmedos. Vierta en un molde de 900 g engrasado y empanado y hornee en horno precalentado a 190 °C/375 °F/Gas 5 durante 1 hora, hasta que esté dorado y al insertar un palillo en el centro, éste salga seco. Enfriar en el molde durante 10 minutos antes de desmoldar.

Pastel con plátanos y whisky

Para un pastel con un diámetro de 25 cm/10

225 g/8 oz/1 taza de mantequilla o margarina, blanda

450 g/1 lb/2 tazas de azúcar morena suave

3 plátanos maduros, machacados

4 huevos, ligeramente batidos

175 g de nueces pecanas picadas gruesas

225g/8oz/11/3 taza sultanas (pasas doradas)

350 g/12 oz/3 tazas de harina normal (para todo uso)

15 ml/1 cucharada de polvo de hornear

5 ml/1 cucharadita de canela molida

2,5 ml/½ cucharadita de jengibre molido

2,5 ml/½ cucharadita de nuez moscada rallada

150ml/¼ pinta/2/3 taza de whisky

Bate la mantequilla o la margarina con el azúcar hasta que quede suave y esponjosa. Agregue los plátanos, luego agregue gradualmente los huevos. Mezcle las nueces y las pasas con una cucharada grande de harina, luego, en un recipiente aparte, mezcle la harina restante con el polvo de hornear y las especias. Revuelva la harina en la crema batida alternando con el whisky. Incorpore las nueces y las sultanas. Transfiera la masa a un molde para pasteles de 25 cm sin engrasar y hornee en un horno precalentado a 180 °C/350 °F/4 gases durante 1¼ horas hasta que esté elástica al tacto. Dejar enfriar en el molde durante 10 minutos antes de colocar sobre una rejilla metálica para que se enfríe por completo.

Pastel de arándanos

Para un pastel con un diámetro de 23 cm/9

175 g/6 oz/¾ taza de azúcar en polvo

60 ml / 4 cucharadas de aceite

1 huevo, ligeramente batido

120 ml/4 fl oz/½ taza de leche

225 g/8 oz/2 tazas de harina normal (para todo uso)

10 ml / 2 cucharaditas de polvo de hornear

2,5 ml / ½ cucharadita de sal

225 g de bayas

Para la cobertura:

50 g de mantequilla o margarina derretida

100 g/1/2 taza de azúcar en polvo

50 g/2 oz/¼ taza de harina normal (para todo uso)

2,5 ml/½ cucharadita de canela molida

Bate el azúcar, el aceite y el huevo hasta que estén bien mezclados y ligeros. Mezclar la leche con la harina, el polvo de hornear y la sal. Pon las bayas. Transfiera la masa a un molde desmontable engrasado y enharinado con un diámetro de 23 cm/9. Mezclar los ingredientes del relleno y espolvorear todo. Hornea en el horno precalentado a 190°C/375°F/Gas 5 por 50 minutos, hasta que al insertar un palillo en el centro, éste salga limpio. Servir tibio.

adoquín de cereza

Hace un pastel de 900 g/2 lb

175 g/6 oz/¾ taza de mantequilla o margarina, blanda

175 g/6 oz/¾ taza de azúcar en polvo

3 huevos batidos

225 g/8 oz/2 tazas de harina normal (para todo uso)

2,5 ml/½ cucharadita de polvo de hornear

100 g/4 oz/2/3 taza de sultanas (pasas doradas)

150 g/5 oz/2/3 taza de cerezas glaseadas (confitadas), en cuartos

225 g de cerezas frescas, sin hueso y partidas por la mitad

30 ml/2 cucharadas de mermelada de albaricoque (enlatada)

Bate la mantequilla o la margarina hasta que esté suave, luego agrega el azúcar. Mezcle los huevos, luego la harina, el polvo para hornear, las sultanas y las cerezas glaseadas. Vierta en un molde de 900 g engrasado y hornee en un horno precalentado a 160°C/325°F/Gas 3 durante 2½ horas. Dejar en el molde durante 5 minutos, luego retirar a una rejilla metálica para terminar de enfriar.

Coloque las cerezas en una fila encima del pastel. Lleve a ebullición la mermelada de albaricoque en una cacerola pequeña, luego tamice (cuele) y cepille la parte superior del pastel para cubrirlo.

Tarta de cerezas y coco

Para un pastel con un diámetro de 20 cm.

350 g/12 oz/3 tazas de harina leudante (autoleudante)

175 g/6 oz/¾ taza de mantequilla o margarina

225 g/8 oz/1 taza de cerezas glaseadas (confitadas), cortadas en cuartos

100 g / 4 oz / 1 taza de coco seco (rallado)

175 g/6 oz/¾ taza de azúcar en polvo

2 huevos grandes, ligeramente batidos

200ml/7oz/pequeño 1 taza de leche

Tamiza la harina en un bol y frótala con mantequilla o margarina hasta que la masa parezca pan rallado. Mezcle las cerezas en el coco, luego agréguelas a la mezcla de azúcar y mezcle ligeramente. Agregue los huevos y la mayor parte de la leche. Bate bien, agregando más leche si es necesario para obtener una textura suave. Transfiera a un molde desmontable engrasado y enharinado con un diámetro de 20 cm. Hornee en el horno precalentado a 180°C/350°F/Gas 4 durante 1,5 horas, hasta que al insertar un palillo en el centro, éste salga limpio.

Tarta de cerezas y sultán

Hace un pastel de 900 g/2 lb

100 g/1/2 taza de mantequilla o margarina, suave

100 g/4 oz/½ taza de azúcar en polvo (muy fina).

3 huevos, ligeramente batidos

100 g/1/2 taza (confitada) de cereza glaseada

350g/12oz/2 tazas sultanas (pasas doradas)

175 g/6 oz/1½ taza de harina normal (para todo uso)

Pizca de sal

Bate la mantequilla o la margarina con el azúcar hasta que quede suave y esponjosa. Poco a poco agregue los huevos. Mezcle las cerezas y las sultanas con un poco de harina para cubrirlas, luego agregue la harina restante a la mezcla de sal. Mezclar con cerezas y sultanas. Transfiere la mezcla a un molde de 900 g engrasado y empanado y hornea en un horno precalentado a 160 °C/325 °F/Gas Mark 3 durante 1,5 horas, hasta que al insertar un palillo en el centro, éste salga limpio.

Tarta helada de cerezas y nueces

Para un pastel con un diámetro de 18 cm

100 g/1/2 taza de mantequilla o margarina, suave

100 g/4 oz/½ taza de azúcar en polvo (muy fina).

2 huevos, ligeramente batidos

15 ml/1 cucharada de miel clara

150 g/5 oz/1¼ taza de harina leudante (autoleudante)

5 ml/1 cucharadita de polvo de hornear

Pizca de sal

A la decoración:

225 g/8 oz/11/3 taza de azúcar en polvo (de repostería), tamizada

30 ml/2 cucharadas de agua

Unas gotas de colorante alimentario rojo.

4 cerezas glaseadas (confitadas), cortadas por la mitad

4 mitades de una nuez

Bate la mantequilla o la margarina con el azúcar hasta que quede suave y esponjosa. Batir poco a poco los huevos y la miel, luego agregar la harina, el polvo de hornear y la sal. Verter la mezcla en un molde desmontable de 18 cm engrasado y empanado y hornear en horno precalentado a 190°C/375°F/G5 durante 20 minutos hasta que suba y esté firme al tacto. Dejar enfriar.

Coloque el azúcar en polvo en un tazón y bata gradualmente suficiente agua para hacer un glaseado para untar (glaseado). Extiende la mayor parte sobre el pastel. Colorea el glaseado restante con unas gotas de colorante para alimentos, y agrega un poco más de azúcar en polvo si el glaseado es demasiado delgado. Vierta o rocíe glaseado rojo sobre el pastel para dividirlo en pedazos, luego decore con glaseado de cereza y nueces.

pastel de ciruela damascena

Para un pastel con un diámetro de 20 cm.

100 g/1/2 taza de mantequilla o margarina, suave

75g/3oz/1/3 taza de azúcar moreno blando

2 huevos, ligeramente batidos

225 g/8 oz/2 tazas de harina leudante (autoleudante)

450 g/1 lb de ciruelas damascenas, sin hueso (sin pepitas) y cortadas por la mitad

50g/2oz/½ taza de nueces mixtas picadas.

Bate la mantequilla o margarina con el azúcar hasta que quede suave y esponjosa, luego agrega poco a poco los huevos, batiendo bien después de cada adición. Incorpore la harina y las ciruelas damascenas. Vierta la masa en un molde para pasteles engrasado y enharinado con un diámetro de 20 cm y espolvoree con nueces. Hornee en un horno precalentado a 190°C/375°F/Gas 5 durante 45 minutos hasta que esté firme al tacto. Dejar enfriar en el molde durante 10 minutos antes de colocar sobre una rejilla metálica para que se enfríe por completo.

Tarta de dátiles y nueces

Para un pastel con un diámetro de 23 cm/9

300 ml/½ pt/1¼ taza de agua hirviendo

225 g de dátiles deshuesados (sin pepitas) y troceados

5 ml/1 cucharadita de bicarbonato de sodio (bicarbonato de sodio)

75g/3oz/1/3 taza de mantequilla o margarina, blanda

225 g/8 oz/1 taza de azúcar en polvo

1 huevo batido

275 g/10 oz/2½ tazas de harina normal (para todo uso)

Pizca de sal

2,5 ml/½ cucharadita de polvo de hornear

50g/2oz/½ taza de nueces picadas

Para la cobertura:
50 g/2 oz/¼ taza de azúcar moreno suave

25 g/1 oz/2 cucharadas de mantequilla o margarina

30 ml/2 cucharadas de leche

Varias mitades de nuez para decorar

Coloque el agua, los dátiles y el bicarbonato de sodio en un recipiente y déjelo reposar durante 5 minutos. Batir la mantequilla o margarina con el azúcar hasta que esté blanda, luego mezclar el huevo con el agua y los dátiles. Mezcle la harina, la sal y el polvo de hornear, luego mezcle las nueces. Transfiera a un molde de 23 cm engrasado y empanado y hornee en un horno precalentado a 180 ° C / 350 ° F / gas 4 durante 1 hora hasta que cuaje. Dejar enfriar sobre una rejilla.

Para hacer el glaseado, mezcle el azúcar, la mantequilla y la leche hasta que quede suave. Extiende sobre el pastel y decora con mitades de nuez.

pastel de limón

Para un pastel con un diámetro de 20 cm.

175 g/6 oz/¾ taza de mantequilla o margarina, blanda

175 g/6 oz/¾ taza de azúcar en polvo

2 huevos batidos

225 g/8 oz/2 tazas de harina leudante (autoleudante)

Zumo y ralladura de 1 limón

60 ml/4 cucharadas de leche

Batir la mantequilla o la margarina con 100 g/1/2 taza de azúcar. Agregue los huevos poco a poco, luego agregue la harina y la ralladura de limón. Mezcle suficiente leche para obtener una consistencia suave. Transfiera la mezcla a un molde de 20 cm de diámetro engrasado y empanizado y hornee en un horno precalentado a 180 ° C / 350 ° F / Gas 4 durante 1 hora hasta que se infle y se dore. Disuelva el azúcar restante en el jugo de limón. Pinchar el hot cake con un tenedor y verter el jugo por encima. Dejar enfriar.

bizcocho de naranja y almendras

Para un pastel con un diámetro de 20 cm.

4 huevos, separados

100 g/4 oz/½ taza de azúcar en polvo (muy fina).

La piel de 1 naranja

50g/2oz/½ taza de almendras, finamente picadas

50 g de almendras molidas

Para el almíbar:

100 g/4 oz/½ taza de azúcar en polvo (muy fina).

300 ml/½ pt/1¼ taza de jugo de naranja

15 ml/1 cucharada de licor de naranja (opcional)

1 rama de canela

Batir las yemas de huevo, el azúcar, la piel de naranja, las almendras y la almendra molida. Batir las claras de huevo a punto de nieve, luego agregar a la mezcla. Coloque con una cuchara en un molde desmontable (bandeja) de fondo suelto de 20 cm engrasado y enharinado y hornee en un horno precalentado a 180°C/350°F/4 gases durante 45 minutos hasta que esté firme al tacto. Pinchar todo con un palillo y dejar enfriar.

Mientras tanto, disuelva el azúcar en el jugo de naranja y el licor, si lo usa, a fuego lento con una rama de canela, revolviendo ocasionalmente. Llevar a ebullición y cocinar hasta que se reduzca a un jarabe fino. Desecha la canela. Verter el almíbar caliente sobre la tarta y dejar que se absorba.

pastel de avena

Hace un pastel de 900 g/2 lb

100 g/1 taza de copos de avena

300 ml/½ pt/1¼ taza de agua hirviendo

100 g/1/2 taza de mantequilla o margarina, suave

225 g/8 oz/1 taza de azúcar morena suave

225 g/8 oz/1 taza de azúcar en polvo

2 huevos, ligeramente batidos

175 g/6 oz/1½ taza de harina normal (para todo uso)

10 ml / 2 cucharaditas de polvo de hornear

5 ml/1 cucharadita de bicarbonato de sodio (bicarbonato de sodio)

5 ml/1 cucharadita de canela molida

Remoje la avena en agua hirviendo. Bate la mantequilla o margarina y el azúcar hasta que quede suave y esponjoso. Poco a poco agregue los huevos, luego agregue la harina, el polvo de hornear, el bicarbonato de sodio y la canela. Finalmente, agregue la mezcla de avena y mezcle hasta que esté bien combinado. Vierta en un molde de 900 g untado con mantequilla y pan rallado y hornee en un horno precalentado a 180 °C/350 °F/Gas 4 durante aproximadamente 1 hora hasta que esté firme al tacto.

Pastel Picante De Mandarina Helada

Para un pastel con un diámetro de 20 cm.

175g/6oz/3/4 taza de margarina suave

250 g / 9 oz / generosa 1 taza de azúcar en polvo (muy fina).

225 g/8 oz/2 tazas de harina leudante (autoleudante)

5 ml/1 cucharadita de polvo de hornear

3 huevos

Ralladura finamente rallada y jugo de 1 naranja pequeña

300g/11oz/1 lata mediana de mandarinas, bien escurridas

Ralladura finamente rallada y jugo de 1/2 limón

Mezcle la margarina, 175 g/3/4 taza de azúcar, la harina, el polvo de hornear, los huevos, la cáscara de naranja y el jugo en un procesador de alimentos o bata con una batidora eléctrica hasta que quede suave. Picar las mandarinas en trozos grandes y mezclar. Vierta en un molde desmontable engrasado y enharinado con un diámetro de 20 cm. Alise la superficie. Hornee en el horno precalentado a 180°C/350°F/Gas 4 durante 1 hora y 10 minutos, o hasta que al insertar un palillo en el centro, éste salga limpio. Dejar enfriar durante 5 minutos, luego desmoldar y colocar sobre una rejilla metálica. Mientras tanto, mezcle el azúcar restante con la ralladura de limón y el jugo hasta formar una pasta. Extender por encima y dejar enfriar.

pastel de naranja

Para un pastel con un diámetro de 20 cm.

175 g/6 oz/¾ taza de mantequilla o margarina, blanda

175 g/6 oz/¾ taza de azúcar en polvo

2 huevos batidos

225 g/8 oz/2 tazas de harina leudante (autoleudante)

Zumo y ralladura de 1 naranja

60 ml/4 cucharadas de leche

Batir la mantequilla o la margarina con 100 g/1/2 taza de azúcar. Agregar los huevos poco a poco, luego agregar la harina y la ralladura de naranja. Mezcle suficiente leche para obtener una consistencia suave. Transfiera la mezcla a un molde de 20 cm engrasado y empanizado y hornee en un horno precalentado a 180°C/350°F/4 gas durante 1 hora hasta que se hinche y se dore. Disuelva el azúcar restante en el jugo de naranja. Pinchar el hot cake con un tenedor y verter el jugo por encima. Dejar enfriar.

Cazuela con fresas y coco

hace 16

Para la masa (pasta):

50 g/2 oz/¼ taza de manteca de cerdo (reducida)

50 g de mantequilla o margarina

200 g/7 oz/1¾ taza de harina normal (para todo uso)

Unos 15 ml/1 cucharada de agua

225 g/2/3 taza de mermelada de fresa (enlatada)

Para el llenado:

175 g/6 oz/¾ taza de mantequilla o margarina, blanda

175 g/6 oz/¾ taza de azúcar en polvo

3 huevos, ligeramente batidos

15 ml/1 cucharada de harina normal (para todo uso).

La ralladura de 1 limón

225 g/8 oz/2 tazas de coco seco (rallado)

Para hacer la masa, frote manteca de cerdo y mantequilla o margarina en la harina hasta que la mezcla parezca pan rallado. Mezcle con suficiente agua para formar una masa, extiéndala sobre una superficie de trabajo ligeramente enharinada y cubra el fondo y los lados de un molde para panecillos suizos de 30 x 20 cm (12 x 8 pulgadas). Pinchar todo con un tenedor. Decoraciones de libros. Untar el pastel con mermelada.

Para preparar el relleno, bata la mantequilla o margarina con el azúcar hasta que quede suave y esponjoso. Poco a poco agregue los huevos, luego agregue la harina y la ralladura de limón. Agregue el coco. Extender sobre la mermelada, pegando los bordes a la masa. Extienda los restos de masa y haga un enrejado encima de la bandeja para hornear. Hornee en un horno precalentado a

190°C/375°F/Gas 5 durante 30 minutos hasta que estén doradas. Cortar en cuadrados cuando esté frío.

Barritas de azúcar moreno y plátano

el hace 12

75g/3oz/1/3 taza de mantequilla o margarina

225 g/8 oz/1 taza de azúcar morena suave

1 huevo grande, ligeramente batido

150 g/5 oz/1¼ taza de harina normal (para todo uso)

5 ml/1 cucharadita de polvo de hornear

Pizca de sal

100 g/4 oz/1 taza de chispas de chocolate

50 g de chips de plátano secos, picados en trozos grandes

Derrita la mantequilla o la margarina, luego retírela del fuego y mezcle con el azúcar. Dejar enfriar hasta que esté tibio. Poco a poco agregue el huevo, luego mezcle con el resto de los ingredientes para hacer una masa bastante dura. Si está demasiado rígido, agregue un poco de leche. Vierta en un molde para pastel cuadrado de 18 cm engrasado (bandeja) y hornee en un horno precalentado a 140 °C/275 °F/Gas 1 durante 1 hora hasta que la parte superior esté crujiente. Dejar en la lata hasta que esté tibio, luego cortar en barras y retirar para terminar de enfriar sobre una rejilla. La mezcla estará bastante pegajosa hasta que se enfríe.

Barritas de nuez de girasol

hace 18

150g/5oz/2/3 taza de mantequilla o margarina

45 ml/3 cucharadas de miel clara

Unas gotas de esencia de almendras (extracto)

275g/10oz/2½ tazas de avena

25g/1oz/¼ taza de almendras en hojuelas (picadas)

25g/1oz/2 cucharadas de semillas de girasol

25 g/2 cucharadas de sésamo

50g/2oz/1/3 taza de pasas

Derrita la mantequilla o margarina con miel, luego agregue todos los demás ingredientes y mezcle bien. Vierta en un molde para pastel cuadrado de 20 cm engrasado (lámina) y nivele la superficie. Presiona la mezcla suavemente. Hornee en un horno precalentado a 190°C/375°F/Gas 5 durante 20 minutos. Dejar enfriar un poco, luego cortar en barras y desmoldar cuando se enfríe.

cuadrados de caramelo

hace 16

75 g/3 oz/¾ taza de harina normal (para todo uso)

50 g de mantequilla o margarina blanda

25 g/1 oz/2 cucharadas de azúcar morena suave

Pizca de sal

1,5 ml/¼ de cucharadita de bicarbonato de sodio (bicarbonato de sodio)

30 ml/2 cucharadas de leche

Para la cobertura:
75g/3oz/1/3 taza de mantequilla o margarina

75g/3oz/1/3 taza de azúcar moreno blando

25 g/1 oz/¼ taza de chispas de chocolate

Mezcle todos los ingredientes de la masa, agregando suficiente leche para obtener una consistencia suave. Transfiera a un molde cuadrado de 23 cm engrasado y hornee en un horno precalentado a 180°C/350°F/gas 4 durante 15 minutos hasta que se doren.

Para hacer la cobertura, derrita la mantequilla o la margarina y el azúcar en una cacerola pequeña, hierva, luego cocine a fuego lento durante 2 minutos, revolviendo constantemente. Vierta sobre el fondo y regrese al horno por 5 minutos. Espolvorea con chispas de chocolate y deja que se ablande en el glaseado mientras el pastel se enfría. Cortar en barras.

cazuela de caramelo

hace 16

100 g/1/2 taza de mantequilla o margarina, suave

100 g/4 oz/½ taza de azúcar morena suave

1 yema

50 g/2 oz/½ taza de harina normal (para todo uso)

50g/2oz/½ taza de avena

Para la cobertura:

100 g/4 oz/1 taza de chocolate natural (semidulce)

25 g/1 oz/2 cucharadas de mantequilla o margarina

30 ml/2 cucharadas de nueces picadas

Batir la mantequilla o margarina, el azúcar y las yemas de huevo hasta que quede suave. Agregue la harina y la avena. Colocar en un molde para rollo suizo de 30 x 20 cm/12 x 8 pulgadas engrasado (molde para gelatina) y hornear en horno precalentado a 190°C/375°F/Gas 5 durante 20 minutos.

Para hacer la cobertura, derrita el chocolate y la mantequilla o la margarina en un recipiente resistente al calor colocado sobre una cacerola con agua hirviendo a fuego lento. Extender sobre la mezcla y espolvorear con nueces. Dejar enfriar un poco, luego cortar en barras y dejar enfriar en el molde.

Tarta De Queso De Albaricoque

Para un pastel con un diámetro de 23 cm/9

225 g / 8 oz / 2 tazas de migas de galleta de jengibre (galletas).

30 ml/2 cucharadas de azúcar moreno suave

50 g de mantequilla o margarina derretida

Para el llenado:

15 g/½ oz/1 cucharada de gelatina en polvo

225 g/8 oz/1 taza de azúcar en polvo

250 ml/8 fl oz/1 taza de jarabe de albaricoque enlatado

90 ml/6 cucharadas de brandy o brandy de albaricoque

45 ml/3 cucharadas de jugo de limón

4 huevos, separados

450 g/1 lb/2 tazas de queso crema suave

250 ml/8 fl oz/1 taza de crema para batir

Para la cobertura:

400 g/14 oz/1 lata grande mitades de albaricoque en almíbar, escurridas y reservadas en almíbar

90 ml/6 cucharadas de brandy de albaricoque

30 ml/2 cucharadas de harina de maíz (fécula de maíz)

Mezcle las migas de galleta y el azúcar moreno con la mantequilla derretida y presione en el fondo de un molde desmontable de 23 cm con un fondo suelto (lámina). Hornee en un horno precalentado a 160°C/335°F/Gas 3 durante 10 minutos. Retirar y dejar enfriar.

Para preparar el relleno, mezcle la gelatina y la mitad del azúcar con el sirope de albaricoque, el brandy y el jugo de limón. Cocine a fuego lento durante unos 10 minutos, revolviendo constantemente, hasta que espese. Agregue las yemas. Retirar del fuego y dejar enfriar un poco. Bate el queso hasta que quede suave. Mezcle lentamente la mezcla de gelatina con el queso y refrigere hasta que espese un poco. Batir las claras de huevo a punto de nieve, luego agregar gradualmente el azúcar restante hasta que la masa esté firme y brillante. Batir la nata hasta que esté dura. Dobla ambas mezclas con queso y vierte sobre la base horneada. Refrigera por varias horas hasta que se solidifique.

Disponer las mitades de albaricoque encima de la tarta de queso. Caliente el brandy y la harina de maíz juntos, revolviendo hasta que espese y esté claro. Deje que se enfríe un poco, luego vierta sobre los albaricoques para cubrirlos.

Tarta De Queso De Aguacate

Para un pastel con un diámetro de 20 cm.

225 g / 8 oz / 2 tazas de migas de galleta digestiva (galleta Graham).

75g/3oz/1/3 taza de mantequilla o margarina, derretida

Para el llenado:

10 ml/2 cucharaditas de gelatina en polvo

30 ml/2 cucharadas de agua

2 aguacates maduros

Jugo de ½ limón

La ralladura de 1 limón

100 g de queso crema

75 g/3 oz/1/3 taza de azúcar en polvo

2 claras de huevo

300 ml/½ pt/1¼ taza de crema batida o doble (pesada)

Mezcle las migas de galleta y la mantequilla o margarina derretida y vierta en el fondo y los lados de un molde para pastel desmontable de 20 cm engrasado con un fondo suelto (láminas). Enfriar.

Verter la gelatina en un recipiente con agua y dejar que espese. Coloque el recipiente en una olla con agua caliente y deje que se disuelva. Dejar enfriar un poco. Pelar el aguacate y quitarle el hueso, y mezclar la pulpa con el jugo y la ralladura de limón. Batir el queso y el azúcar. Agregue la gelatina disuelta. Bate las claras de huevo a punto de nieve, luego mézclalas con una cuchara de metal con la masa. Batir la mitad de la crema hasta que esté firme, luego agregar a la masa. Verter sobre la base de galleta y refrigerar para solidificar.

Batir el resto de la crema hasta obtener una espuma dura y luego colocarla decorativamente sobre la tarta de queso.

tarta de plátano

Para un pastel con un diámetro de 20 cm.

75g/3oz/1/3 taza de mantequilla o margarina, derretida

175 g / 6 oz / 1½ tazas de migas de galletas digestivas (galletas Graham).

Para el llenado:

2 plátanos, machacados

350 g de tofu firme

100 g/1/2 taza de requesón

Corteza rallada y jugo de 1 limón

Rodajas de limón para decorar

Mezclar la mantequilla o margarina y las migas de bizcocho y poner en el fondo de un molde desmontable de 20 cm engrasado con fondo suelto (láminas). Mezclar todos los ingredientes para el topping y ponerlo en el fondo. Enfriar durante 4 horas antes de servir adornado con rodajas de limón.

Pastel de queso caribeño ligero

Para un pastel con un diámetro de 20 cm.

75g/3oz/1/3 taza de mantequilla o margarina

175 g/6 oz/1¾ taza de harina normal (para todo uso)

Pizca de sal

30 ml / 2 cucharadas de agua fría

400 g/14 oz/1 lata grande de piña, escurrida y picada

150g/5oz/2/3 taza de requesón

2 huevos, separados

15ml/1 cucharada de ron

Frote la mantequilla o margarina con harina y sal hasta que la masa parezca pan rallado. Mezcle suficiente agua para hacer una masa (pasta). Estirar y utilizar para forrar un anillo redondo de 20 cm de diámetro. Mezcle la piña, el queso, las yemas de huevo y el ron. Bate las claras de huevo hasta que estén firmes, luego incorpóralas a la mezcla. Ponga la cuchara en el recipiente (cáscara). Hornee en un horno precalentado a 200°C/400°F/Gas 6 durante 20 minutos. Dejar enfriar en el molde antes de desmoldar.

Tarta de queso con cereza negra

Para un pastel con un diámetro de 20 cm.

75g/3oz/1/3 taza de mantequilla o margarina, derretida

175 g / 6 oz / 1½ tazas de migas de galletas digestivas (galletas Graham).

Para el llenado:

350 g de tofu firme

100 g/1/2 taza de requesón

Corteza rallada y jugo de 1 limón

400g/14oz/1 lata grande de cerezas negras, escurridas

Mezclar la mantequilla o margarina y las migas de bizcocho y poner en el fondo de un molde desmontable de 20 cm engrasado con fondo suelto (láminas). Bate el tofu, el queso, el jugo de limón y la ralladura, luego mézclalo con las cerezas. Cuchara base. Enfriar durante 4 horas antes de servir.

Cheesecake de coco y albaricoque

Para un pastel con un diámetro de 20 cm.

A la concha:

200 g/7 oz/1¾ taza de coco seco (rallado)

75g/3oz/1/3 taza de mantequilla o margarina, derretida

Para el llenado:

120 ml/4 fl oz/½ taza de leche condensada

30 ml/2 cucharadas de jugo de limón

250g/9oz/1 paquete de queso crema

120 ml/4 fl oz/½ taza de crema doble (pesada)

Para la cobertura:

5 ml/1 cucharadita de gelatina en polvo

30 ml/2 cucharadas de agua

100 g/1/3 taza de mermelada de albaricoque (enlatada), tamizada (escurrida)

30 ml/2 cucharadas de azúcar fina

Tostar el coco en una sartén seca (en una sartén) hasta que esté dorado. Agregue la mantequilla o la margarina, luego presione la mezcla firmemente en un molde desmontable de 20 cm. Enfriar.

Mezclar la leche condensada y el jugo de limón, luego mezclar con la cuajada. Batir la crema hasta que esté firme, luego incorporarla a la mezcla. Cuchara sobre la base de coco.

Mezcle la gelatina y el agua en una cacerola pequeña a fuego muy lento y revuelva la mermelada y el azúcar durante unos minutos hasta que estén claras y bien mezcladas. Ponga una cucharada del relleno, luego deje enfriar y enfríe hasta que cuaje.

Tarta de queso con arándanos

Para un pastel con un diámetro de 23 cm/9

100 g / 4 oz / 1 taza de migas de galleta digestiva (galleta Graham).

50 g de mantequilla o margarina derretida

225 g de arándanos, enjuagados y escurridos

150 ml/¼ pt./2/3 taza de agua

150 g / 5 oz / 2/3 taza de azúcar en polvo

15 g/½ oz/1 cucharada de gelatina en polvo

60 ml/4 cucharadas de agua

225g/8oz/1 taza de queso crema

175 g/6 oz/¾ taza de queso ricotta

5 ml/1 cucharadita de esencia de vainilla (extracto)

Mezcle las migas de galleta y la mantequilla derretida y vierta en el fondo de un molde para pastel cuadrado de 23 cm / 9 engrasado. Enfriar.

Coloque los arándanos, 150 ml/¼ taza/2/3 taza de agua y azúcar en una cacerola y deje hervir. Cocine por 10 minutos, revolviendo ocasionalmente. Poner la gelatina en un bol con 60 ml/4 cucharadas de agua y dejar que se ablande. Coloque el recipiente en una olla con agua caliente y deje que se disuelva. Mezcle la gelatina con la masa de arándanos, retire del fuego y deje enfriar un poco. Mezclar los quesos y la esencia de vainilla. Vierta la mezcla en la base y extiéndala uniformemente. Refrigera por varias horas hasta que se solidifique.

tarta de queso con jengibre

Hace un pastel de 900 g/2 lb

275g/10oz/2½ tazas de migas de galleta de jengibre

100 g de mantequilla o margarina derretida

225g/8oz/1 taza de queso crema

150 ml/¼ pt/2/3 taza de crema doble (pesada)

100 g/4 oz/½ taza de azúcar en polvo (muy fina).

15 ml/1 cucharada de jengibre picado

15 ml/1 cucharada de sirope de brandy o jengibre

2 huevos, separados

Jugo de 1 limón

15 g/½ oz/1 cucharada de gelatina en polvo

Mezclar las galletas con la mantequilla. Mezcla el queso crema, la nata, el azúcar, el jengibre y el brandy o sirope de jengibre. Batir las yemas. Vierta el jugo de limón en una cacerola pequeña y espolvoree con gelatina. Dejar en remojo durante unos minutos y luego derretir a fuego lento. no cocines Batir las claras a picos suaves. Mezcle bien 15 ml/1 cucharada con la mezcla de queso. Dobla el resto con cuidado. Verter la mitad de la mezcla en un molde ligeramente engrasado (900 g). Espolvorea la mitad de la mezcla de galletas de manera uniforme. Agregue otra capa de la mezcla restante de queso y galletas. Enfriar durante varias horas. Sumerja la lata en agua hirviendo durante unos segundos, luego cubra con un plato y saque listo para servir.

Tarta de queso con jengibre y limón

Para un pastel con un diámetro de 20 cm.

175 g / 6 oz / 1½ taza de migas de galleta de jengibre

50 g de mantequilla o margarina derretida

15 g/½ oz/1 cucharada de gelatina

30 ml / 2 cucharadas de agua fría

2 limones

100 g/1/2 taza de requesón

100 g de queso crema

50 g/2 oz/¼ taza de azúcar en polvo (muy fina).

150 ml/¼ parte/2/3 taza de yogur natural

150 ml/¼ pt/2/3 taza de crema doble (pesada)

Mezclar las migas de galleta con mantequilla o margarina. Presione la mezcla en la base de un molde desmontable de 20 cm con un fondo suelto. Vierte la gelatina en el agua, luego disuélvela en una olla con agua caliente. Pele tres tiras de ralladura de un limón. Rallar la ralladura restante de ambos limones. Corte los limones en cuartos, retire las semillas y la piel, y mezcle la pulpa en un procesador de alimentos o licuadora. Agregue el queso y mezcle. Añadir el azúcar, el yogur y la nata y mezclar de nuevo. Agregue la gelatina. Vierta sobre la base y enfríe para solidificar. Decora con cáscara de limón.

Tarta de queso con avellanas y miel

Para un pastel con un diámetro de 23 cm/9

175 g / 6 oz / 1½ tazas de migas de galletas digestivas (galletas Graham).

75g/3oz/1/3 taza de mantequilla o margarina, derretida

100 g/1 taza de avellanas

225g/8oz/1 taza de queso crema

60 ml/4 cucharadas de miel clara

2 huevos, separados

15 g/½ oz/1 cucharada de gelatina en polvo

30 ml/2 cucharadas de agua

250 ml/8 fl oz/1 taza de crema doble (pesada)

Mezclar las migas de galleta con la mantequilla y verter en el fondo de un molde para tarta de 23 cm con fondo suelto. Reserva unas cuantas avellanas para decorar y muele el resto. Mezclar con requesón, miel y yemas de huevo y batir bien. Mientras tanto, vierte la gelatina en el agua y reserva hasta que espese. Coloque el recipiente en una olla con agua caliente y revuelva hasta que se disuelva. Revuelva en la mezcla de queso con la crema. Batir las claras de huevo hasta que estén firmes e incorporar suavemente a la mezcla. Vierta en el fondo y enfríe hasta que cuaje. Decorar con avellanas enteras.

Tarta de queso con grosellas y jengibre

Para un pastel con un diámetro de 23 cm/9

3 piezas de tallo de jengibre, en rodajas finas

50 g/2 oz/¼ taza de azúcar en polvo

75 ml/5 cucharadas de agua

225 g de grosella

50 g/½ paquete de gelatina de lima (gelatina)

15 g/½ oz/1 cucharada de gelatina en polvo

Corteza rallada y jugo de ½ limón

225g/8oz/1 taza de queso crema

75 g/3 oz/1/3 taza de azúcar en polvo

2 huevos, separados

300 ml/½ taza/1¼ taza de crema doble (pesada)

75g/3oz/1/3 taza de mantequilla o margarina, derretida

175g / 6oz / 1½ taza de migas de galleta de jengibre (galletas).

Engrasar y forrar un molde de tarta de 23 cm con el fondo suelto. Coloque el tallo de jengibre alrededor del borde de la base. Disuelva el azúcar granulada en el agua de la cacerola, luego hierva. Agregue las grosellas y cocine a fuego lento durante unos 15 minutos hasta que se ablanden. Retire las grosellas del almíbar con una espumadera y colóquelas en el centro de la fuente preparada. Mida el jarabe y complete hasta 275 ml/9 fl oz/alrededor de 1 taza con agua. Vuelva a poner a fuego lento y revuelva hasta que la gelatina se disuelva. Retirar del fuego y dejar enfriar. Vierta sobre las grosellas y refrigere hasta que cuaje.

Vierta la gelatina en un recipiente con 45 ml/3 cucharadas de jugo de limón y deje que se ablande. Coloque el recipiente en una olla con agua caliente y deje que se disuelva. Batir el queso crema con la ralladura de limón, el azúcar glass, las yemas, la gelatina y la mitad de la crema. Batir la crema restante hasta que espese, luego incorporarla a la mezcla. Bate las claras de huevo a punto de nieve, luego mézclalas suavemente. Vierta en el molde y refrigere hasta que cuaje.

Mezcle la mantequilla o margarina y las migas de galleta y espolvoree sobre la tarta de queso. Presiona ligeramente para reforzar la base. Enfriar a la firmeza.

Sumerja el fondo del molde en agua caliente durante unos segundos, pase un cuchillo por el borde del pastel de queso y luego transfiéralo a un plato.

Cheesecake Ligero De Limón

Para un pastel con un diámetro de 20 cm.

para la base:

50 g de mantequilla o margarina

50 g/2 oz/¼ taza de azúcar en polvo (muy fina).

100 g / 4 oz / 1 taza de migas de galleta digestiva (galleta Graham).

Para el llenado:

225 g/8 oz/1 taza de queso blando con toda la grasa

2 huevos, separados

100 g/4 oz/½ taza de azúcar en polvo (muy fina).

La ralladura de 3 limones

150 ml/¼ pt/2/3 taza de crema doble (pesada)

Jugo de 1 limón

45 ml/3 cucharadas de agua

15 g/½ oz/1 cucharada de gelatina en polvo

Para la cobertura:

45 ml/3 cucharadas de lemon curd

Para hacer la base, derrita la mantequilla o margarina y el azúcar a fuego lento. Agregue las migas de galleta. Vierta en el fondo de un molde desmontable de 20 cm y enfríe en el refrigerador.

Para preparar el relleno, ablande el queso en un tazón grande. Batir las yemas, la mitad del azúcar, la ralladura de limón y la nata. Coloque el jugo de limón, el agua y la gelatina en un tazón y derrita sobre una olla con agua caliente. Empujar en la masa de queso y dejar solidificar. Bate las claras de huevo hasta que estén firmes, luego agrega el azúcar en polvo restante. Mezclar ligera pero completamente con la masa de queso. Vierta en el fondo y alise la superficie. Enfriar durante 3-4 horas hasta que cuaje. Terminar con crema de limón.

Tarta De Queso De Limón Y Muesli

Para un pastel con un diámetro de 20 cm.

175g/6oz/grande 1 taza de muesli

75g/3oz/1/3 taza de mantequilla o margarina, derretida

Ralladura finamente rallada y jugo de 2 limones

15 g/½ oz/1 cucharada de gelatina en polvo

225g/8oz/1 taza de queso crema

150 ml/¼ parte/2/3 taza de yogur natural

60 ml/4 cucharadas de miel clara

2 claras de huevo

Mezcle el muesli con la mantequilla o la margarina y colóquelo en el fondo de un molde para pastel de 20 cm/8 pulgadas engrasado en un molde de fondo suelto. Enfriar a la concentración.

Rellene el jugo de limón con agua hasta 150 ml/¼ pt/2/3 tazas. Espolvorear con gelatina y reservar hasta que esté blanda. Coloque el tazón en una olla con agua caliente y caliente suavemente hasta que la gelatina se disuelva. Mezcle la ralladura de limón, el queso, el yogur y la miel, luego agregue la gelatina. Bate las claras de huevo a punto de nieve, luego mézclalas suavemente con la mezcla de cheesecake. Pon la cuchara en el fondo y refrigera hasta que se solidifique.

Tarta De Queso De Mandarina

Para un pastel con un diámetro de 20 cm.

200 g / 7 oz / 1¾ taza de migas de galleta digestiva (galleta graham)

75g/3oz/1/3 taza de mantequilla o margarina, derretida

Para la cobertura:

275g/10oz/1 lata grande de mandarinas, escurridas

15 g/½ oz/1 cucharada de gelatina en polvo

30 ml/2 cucharadas de agua caliente

150g/5oz/2/3 taza de requesón

150 ml/¼ parte/2/3 taza de yogur natural

Mezclar las migas de bizcocho con la mantequilla o la margarina y presionar en el fondo de un molde desmontable de 20 cm con fondo suelto. Enfriar. Triture las mandarinas con el dorso de una cuchara. Ponga la gelatina en el agua en un tazón pequeño y deje que se espese. Coloque el recipiente en una olla con agua hirviendo y deje que se disuelva. Mezcle las mandarinas, el requesón y el yogur. Agregue la gelatina. Vierta una cucharada de la mezcla de relleno sobre la base y refrigere hasta que cuaje.

Cheesecake de limón y nuez

Para un pastel con un diámetro de 20 cm.

para la base:

225 g / 8 oz / 2 tazas de migas de galleta digestiva (galleta Graham).

25 g/1 oz/2 cucharadas de azúcar fina

5 ml/1 cucharadita de canela molida

50 g de mantequilla o margarina derretida

Para el llenado:

15 g/½ oz/1 cucharada de gelatina en polvo

30 ml / 2 cucharadas de agua fría

2 huevos, separados

100 g/4 oz/½ taza de azúcar en polvo (muy fina).

350 g/12 oz/1½ taza de queso blando con toda la grasa

Corteza rallada y jugo de 1 limón

150 ml/¼ pt/2/3 taza de crema doble (pesada)

25 g/1 oz/¼ taza de nueces mixtas picadas

Mezcle las galletas trituradas, el azúcar y la canela en la mantequilla o margarina. Presione el fondo y los lados de un molde desmontable con un diámetro de 20 cm con un fondo suelto (bandeja). Enfriar.

Para hacer el relleno, disuelva la gelatina en el agua en un tazón pequeño. Coloque el tazón en una olla con agua caliente y revuelva hasta que la gelatina se disuelva. Retirar del fuego y dejar enfriar un poco. Batir las yemas y el azúcar juntos. Coloque el tazón sobre una olla de agua hirviendo a fuego lento y continúe batiendo hasta que la mezcla esté espesa y pálida. Retire del fuego y bata hasta que esté tibio. Agrega el queso, la ralladura de limón y el jugo. Montar la nata a punto de nieve, luego mezclar con las nueces. Revuelva la gelatina con cuidado. Bate las claras de huevo hasta que estén firmes, luego incorpóralas a la mezcla. Vierta sobre el fondo y enfríe durante varias horas o toda la noche antes de servir.

Tarta de queso con lima

8 porciones

para la base:

40 g/1½ oz/2 cucharadas de miel pura

50g/2oz/¼ taza azúcar demerara

225g/8oz/2 tazas de avena

100 g de mantequilla o margarina derretida

Para el llenado:

225 g/8 oz/1 taza de requesón

250ml/8oz/1 taza de yogur natural

2 huevos, separados

50 g/2 oz/¼ taza de azúcar en polvo (muy fina).

Ralladura rallada y jugo de 2 limas

15 g/½ oz/1 cucharada de gelatina en polvo

30 ml/2 cucharadas de agua hirviendo

Mezcla miel, azúcar demerara y avena con mantequilla o margarina. Presione en el fondo de un molde desmontable de 20 cm engrasado.

Para preparar el relleno, mezcle el requesón, el yogur, las yemas de huevo, el azúcar y la ralladura de lima. Vierta la gelatina con jugo de lima y agua caliente y deje que se disuelva. Caliente sobre un recipiente con agua caliente hasta que se vuelva transparente, luego agregue a la mezcla y revuelva suavemente hasta que comience a cuajar. Bate las claras de huevo hasta que estén firmes, luego incorpóralas a la mezcla. Verter sobre la base preparada y dejar reposar.

Cheesecake de San Clemente

Para un pastel con un diámetro de 20 cm.

50 g de mantequilla o margarina

100 g / 4 oz / 1 taza de migas de galleta digestiva (galleta Graham).

2 huevos, separados

Pizca de sal

100 g/4 oz/½ taza de azúcar en polvo (muy fina).

45 ml/3 cucharadas de jugo de naranja

45 ml/3 cucharadas de jugo de limón

15 g/½ oz/1 cucharada de gelatina

30 ml / 2 cucharadas de agua fría

350 g/12 oz/1½ taza de requesón, tamizado

150 ml/¼ pt/2/3 taza de crema doble (espesa), batida

1 naranja, pelada y en rodajas

Engrasar un molde para tarta (20 cm/8 de diámetro) con mantequilla y espolvorear con pan rallado. Batir las yemas de huevo con la sal y la mitad del azúcar hasta que estén espesas y cremosas. Ponga en un recipiente el jugo de naranja y limón y revuelva sobre una olla con agua caliente hasta que la mezcla comience a espesar y cubra el dorso de la cuchara. Disuelva la gelatina en agua fría y caliente suavemente hasta que se convierta en un jarabe. Agregue el jugo de frutas, luego deje que se enfríe, revolviendo ocasionalmente. Mezclar con requesón y crema agria. Bate las claras de huevo hasta que estén firmes, luego agrega el azúcar restante. Revuelva en la masa de tarta de queso y vierta en el molde desmontable. Enfriar a la firmeza. Retirar y espolvorear con migas sueltas. Servir adornado con rodajas de naranja.

Pashka

Para un pastel con un diámetro de 23 cm/9

450 g/1 libra/2 tazas de queso crema

100 g/1/2 taza de mantequilla o margarina, suave

150 g / 5 oz / 2/3 taza de azúcar en polvo

150 ml/¼ pt/2/3 taza de crema agria (láctea)

175g/6oz/1 taza de sultanas (pasas doradas)

50 g/2 oz/¼ taza (confitada) de glaseado de cerezas

100g/4oz/1 taza de almendras

50 g / 2 oz / 1/3 taza de cáscara picada mixta (confitada)

Mezcle el queso, la mantequilla o la margarina, el azúcar y la crema agria hasta que estén bien combinados. Agregue el resto de los ingredientes. Vierta en el molde de savarín, cubra y refrigere durante la noche. Sumerge el molde en una olla con agua caliente durante unos segundos, pasa un cuchillo por el borde del molde y voltea el cheesecake en un plato. Enfriar antes de servir.

Tarta de queso ligera de piña

Para un pastel con un diámetro de 25 cm/10

225g/8oz/1 taza de mantequilla o margarina

225 g / 8 oz / 2 tazas de migas de galleta digestiva (galleta Graham).

450 g/1 libra/2 tazas de requesón

1 huevo batido

5 ml/1 cucharadita de esencia de almendras (extracto)

15 ml/1 cucharada de azúcar fina

25g/1oz/¼ taza de almendras molidas

100 g piña enlatada troceada

Derrita la mitad de la mantequilla o margarina y mezcle con las migas de galleta. Presionar en el fondo de un molde desmontable de 25 cm y dejar enfriar. Batir el resto de la mantequilla o margarina con el requesón, el huevo, la esencia de almendras, el azúcar y la almendra molida. Agregue la piña. Extender sobre la base de galleta y refrigerar por 2 horas.

Tarta De Queso De Piña

Para un pastel con un diámetro de 20 cm.

75g/3oz/1/3 taza de mantequilla o margarina, derretida

175 g / 6 oz / 1½ tazas de migas de galletas digestivas (galletas Graham).

15 g/½ oz/1 cucharada de gelatina en polvo

425g/15oz/1 lata grande de piña en jugo natural, escurrida y en conserva

3 huevos, separados

75 g/3 oz/1/3 taza de azúcar en polvo

150 ml/¼ pt/2/3 taza de crema simple (ligera)

150 ml/¼ pt/2/3 taza de crema doble (pesada)

225g/8oz/2 tazas de queso Cheddar, rallado

150 ml/¼ pt./2/3 taza de leche

150 ml/¼ pt/2/3 tazas de crema para batir

Mezcle la mantequilla o la margarina con las migas de galleta y presione en el fondo de un molde para pasteles de 20 cm con el fondo suelto. Enfriar a la firmeza.

Vierta la gelatina en un recipiente con 30 ml/2 cucharadas de jugo de piña reservado y deje que se ablande. Reservar un poco de piña para decorar, luego picar el resto y disponer sobre la base de galleta. Coloque el recipiente en una olla con agua caliente y deje que se disuelva. En un recipiente resistente al calor colocado sobre una cacerola con agua hirviendo a fuego lento, mezcle las yemas de huevo, el azúcar y 150 ml/¼ parte/2/3 taza de jugo de piña reservado hasta que la mezcla espese y comience a correr por el batidor. Retire del fuego. Montar la nata de uno y dos componentes hasta que espese, añadir el queso y la leche, luego mezclar con la masa de huevo y la gelatina. Dejar enfriar. Batir las claras de huevo hasta que estén rígidas, luego incorporar suavemente a la mezcla. Vierta sobre la piña y enfríe hasta que cuaje.

Bate la crema batida y forma rosetas alrededor de la parte superior del pastel, luego decora con la piña reservada.

tarta de queso con pasas

8 porciones

para la base:

100 g de mantequilla o margarina

40 g/1½ oz/2 cucharadas de miel pura

50g/2oz/¼ taza azúcar demerara

225g/8oz/2 tazas de avena

Para el llenado:

225 g/8 oz/1 taza de requesón

150 ml/¼ parte/2/3 taza de yogur natural

150 ml/¼ pt/2/3 taza de crema agria (láctea)

50g/2oz/1/3 taza de pasas

15 g/½ oz/1 cucharada de gelatina en polvo

60 ml/4 cucharadas de agua hirviendo

Derrita la mantequilla o margarina, luego mezcle con miel, azúcar y avena. Presione en el fondo de un molde desmontable de 20 cm engrasado.

Para preparar el relleno, tamice el requesón en un tazón y mezcle con yogur y crema agria. Agregue las pasas. Vierta la gelatina en agua caliente y deje que se disuelva. Caliente sobre un recipiente con agua caliente hasta que se vuelva transparente, luego agregue a la mezcla y revuelva suavemente hasta que comience a cuajar. Verter sobre la base preparada y dejar reposar.

Cheesecake de frambuesa

Para un pastel con un diámetro de 15 cm.

75g/3oz/1/3 taza de mantequilla o margarina, derretida

175 g / 6 oz / 1½ tazas de migas de galletas digestivas (galletas Graham).

3 huevos, separados

300 ml/½ pt/1¼ taza de leche

25 g/1 oz/2 cucharadas de azúcar fina

15 g/½ oz/1 cucharada de gelatina

30 ml / 2 cucharadas de agua fría

225 g/8 oz/1 taza de queso crema, ligeramente batido

Corteza rallada y jugo de ½ limón

450 g de frambuesas

Mezcle la mantequilla o margarina y las galletas y vierta en el fondo de un molde desmontable de 15 cm/6 15 cm. Enfriar mientras hacemos el relleno.

Batir las yemas de huevo, luego verter en la sartén con la leche y calentar a fuego lento, revolviendo constantemente, hasta que la crema espese. Retire del fuego y mezcle con el azúcar. Vierta la gelatina en agua caliente y deje que se disuelva. Caliente un recipiente con agua caliente hasta que se vuelva transparente, luego mezcle el queso, el budín, la ralladura de limón y el jugo. Batir las claras de huevo a punto de nieve, luego mezclar con la masa y poner en el fondo. Enfriar a la concentración. Adorne con frambuesas justo antes de servir.

tarta de queso siciliana

Para un pastel con un diámetro de 25 cm/10

900 g/2 libras/4 tazas de queso ricotta

100 g/2/3 taza de azúcar glass (repostería).

5 ml/1 cucharadita de piel de naranja rallada

100 g/1 taza de chocolate natural (semidulce), rallado

275g/10oz de frutas mixtas picadas

275 g/10 oz bizcochos (galletas) o bizcocho, en rodajas

175ml/6oz/¾ taza de ron

Batir la ricota con la mitad del azúcar y la ralladura de naranja. Guarde 15 ml/1 cucharada de chocolate y frutas para la decoración, luego agregue el resto a la masa. Forre un molde desmontable de 25 cm (bandeja) con film transparente (plástico). Sumerja las galletas o el bizcocho en el ron para humedecer, luego use la mayor parte para forrar el fondo y los lados de la lata. Extienda la masa de queso en el medio. Sumerja las galletas restantes en el ron y cubra la masa de queso. Cubrir con film transparente (plástico) y presionar hacia abajo. Enfriar durante 1 hora hasta que cuaje. Retire usando una película adhesiva para ayudar, espolvoree con el azúcar en polvo restante y decore con el chocolate y la fruta reservados.

Tarta de queso con yogur glaseado

Para un pastel con un diámetro de 23 cm/9

para la base:

2 huevos

75g/3oz/¼ taza de miel pura

100 g/4 oz/1 taza de harina integral (trigo integral).

10 ml / 2 cucharaditas de polvo de hornear

unas gotas de esencia de vainilla (extracto)

Para el llenado:

25 g/2 oz/2 cucharadas de gelatina en polvo

30 ml/2 cucharadas de azúcar fina

75 ml/5 cucharadas de agua

225 g/8 oz/1 taza de yogur natural

225 g/8 oz/1 taza de queso crema suave

75g/3oz/¼ taza de miel pura

250 ml/8 fl oz/1 taza de crema para batir

Para la cobertura:

100 g de frambuesas

45 ml/3 cucharadas de mermelada (enlatada)

15 ml/1 cucharada de agua

Para hacer la base, bate los huevos y la miel hasta que quede esponjoso. Agrega poco a poco la harina, el polvo para hornear y la esencia de vainilla, amasando hasta obtener una masa suave. Estirar sobre una superficie ligeramente enharinada y colocar en el fondo de un molde desmontable engrasado de 23 cm/9 de diámetro con fondo suelto (láminas). Hornee en un horno precalentado a 200°C/400°F/Gas 6 durante 20 minutos. Sacar del horno y dejar enfriar.

Para preparar el relleno, disuelva la gelatina y el azúcar en el agua en un tazón pequeño, luego deje la mezcla en una olla con agua caliente hasta que esté transparente. Retirar del agua y dejar enfriar un poco. Bate el yogur, el queso crema y la miel hasta que estén bien combinados. Batir la nata hasta que esté dura. Revuelva la nata en la masa de yogur, luego agregue la gelatina. Poner una cuchara en el fondo y dejar reposar.

Coloque las frambuesas en un patrón atractivo en la parte superior. Derrita la mermelada con agua, luego frótela a través de un colador. Cepille la parte superior de la tarta de queso y enfríe antes de servir.

Tarta de queso con fresas

Para un pastel con un diámetro de 20 cm.

100 g / 4 oz / 1 taza de migas de galleta digestiva (galleta Graham).

25 g/2 cucharadas de azúcar demerara

50 g de mantequilla o margarina derretida

15 ml/1 cucharada de gelatina en polvo

45 ml/3 cucharadas de agua

350 g/12 oz/1½ taza de requesón

50 g/2 oz/¼ taza de azúcar en polvo (muy fina).

Corteza rallada y jugo de 1 limón

2 huevos, separados

300 ml/½ pieza/1¼ taza de crema individual (ligera)

100 g de fresas, en rodajas

120 ml/4 fl oz/½ taza de crema doble (espesa), batida hasta que esté firme

Mezcle las migas de galleta, el azúcar demerara y la mantequilla o margarina y presione en el fondo de un molde desmontable de 20 cm con un fondo suelto (lámina). Enfriar a la firmeza.

Vierta la gelatina en el agua y deje que espese. Coloque el bol en una olla con agua caliente y déjelo hasta que esté transparente. Mezcle el queso, el azúcar en polvo, la ralladura y el jugo de limón, las yemas de huevo y la crema. Golpea la gelatina. Bate las claras de huevo a punto de nieve, luego mézclalas con la mezcla de queso. Vierta en el fondo y enfríe hasta que cuaje.

Acomoda las fresas encima del cheesecake y exprime la crema por los bordes para decorar.

Cheesecake de Sultana y Brandy

Para un pastel con un diámetro de 20 cm.

100 g/4 oz/2/3 taza de sultanas (pasas doradas)

45 ml/3 cucharadas de brandy

100 g/1/2 taza de mantequilla o margarina, suave

100 g/4 oz/½ taza de azúcar morena suave

75 g/3 oz/¾ taza de harina normal (para todo uso)

75g/3oz/¾ taza de almendras molidas

2 huevos, separados

225g/8oz/1 taza de queso crema

100 g/1/2 taza de queso cottage (queso cottage suave).

unas gotas de esencia de vainilla (extracto)

150 ml/¼ pt/2/3 taza de crema doble (pesada)

Ponga las sultanas en un recipiente con brandy y déjelas en remojo hasta que se llenen. Bate la mantequilla o la margarina con 50 g/¼ de taza de azúcar hasta que quede suave y esponjosa. Añadir la harina y las almendras molidas y amasar la masa. Transfiera a un molde desmontable (bandejas) de fondo suelto de 20 cm engrasado y hornee en un horno precalentado a 180 °C/350 °F/gas 4 durante 12 minutos hasta que se doren. Dejar enfriar.

Batir las yemas con la mitad del azúcar restante. Batir los quesos, la esencia de vainilla, las sultanas y el brandy. Batir la nata a punto de nieve, luego mezclarla con la masa. Batir las claras de huevo a punto de nieve, luego agregar el azúcar restante y volver a batir hasta que la espuma esté firme y brillante. Revuelva en la masa de queso. Vierta sobre la base cocida y refrigere por varias horas hasta que cuaje.

Tarta de queso al horno

Para un pastel con un diámetro de 20 cm.

50 g de mantequilla o margarina derretida

225 g / 8 oz / 2 tazas de migas de galleta digestiva (galleta Graham).

225 g/8 oz/1 taza de requesón

100 g/4 oz/½ taza de azúcar en polvo (muy fina).

3 huevos, separados

25 g/1 oz/¼ taza de harina de maíz (fécula de maíz)

2,5 ml/½ cucharadita de esencia de vainilla (extracto)

400 ml/14 fl oz/1¾ taza de crema agria

Mezclar la mantequilla o margarina y las migas de galleta y colocar en el fondo de un molde para tartas de 20 cm engrasado con fondo suelto (bandeja). Mezcle todos los demás ingredientes excepto las claras de huevo. Batir las claras de huevo a punto de nieve, luego combinar con la masa y verter sobre la base de galleta. Hornee en un horno precalentado a 150°C/300°F/Gas 3 durante 1,5 horas. Apaga el horno y abre ligeramente la puerta. Deja la tarta de queso en el horno hasta que se enfríe.

Barras de pastel de queso al horno

hace 16

75g/3oz/1/3 taza de mantequilla o margarina

100 g / 4 oz / 1 taza de harina normal (para todo uso)

75g/3oz/1/3 taza de azúcar moreno blando

50 g / 2 oz / ½ taza de nueces picadas

225g/8oz/1 taza de queso crema

50 g/2 oz/¼ taza de azúcar en polvo (muy fina).

1 huevo

30 ml/2 cucharadas de leche

5 ml/1 cucharadita de jugo de limón

2,5 ml/½ cucharadita de esencia de vainilla (extracto)

Frote la mantequilla o margarina con harina hasta que la masa parezca pan rallado. Agregue el azúcar moreno y las nueces. Presione todo menos 100 g/1 taza de mezcla en un molde desmontable engrasado de 20 cm. Hornee en un horno precalentado a 180°C/350°F/Gas 4 durante 15 minutos hasta que estén ligeramente dorados.

Batir el queso crema y el azúcar en polvo hasta que quede suave. Batir el huevo, la leche, el jugo de limón y la esencia de vainilla. Extienda la mezcla sobre la masa en la sartén y espolvoree con la mezcla reservada de mantequilla y nueces. Hornee por otros 30 minutos, hasta que esté listo y ligeramente dorado en la parte superior. Dejar enfriar, luego refrigerar y servir frío.

tarta de queso americana

Para un pastel con un diámetro de 23 cm/9

175 g / 6 oz / 1½ tazas de migas de galletas digestivas (galletas Graham).

15 ml/1 cucharada de azúcar fina

50 g de mantequilla o margarina derretida

Para el llenado:

450 g/1 libra/2 tazas de queso crema

450 g/1 libra/2 tazas de requesón

250 g / 9 oz / generosa 1 taza de azúcar en polvo (muy fina).

10 ml/2 cucharaditas de esencia de vainilla (extracto)

5 huevos, separados

400ml/14oz/1 lata grande de leche evaporada

120 ml/4 fl oz/½ taza de crema doble (pesada)

30 ml/2 cucharadas de harina normal (para todo uso).

Pizca de sal

15 ml/1 cucharada de jugo de limón

Mezcle las migas de galleta y el azúcar con la mantequilla derretida y presione en el fondo de un molde desmontable de 23 cm/9 en el fondo suelto (molde).

Para preparar el relleno, mezcle los quesos, luego agregue el azúcar y la esencia de vainilla. Incorporar las yemas de huevo, luego la leche evaporada, la nata, la harina, la sal y el zumo de limón. Bate las claras de huevo a punto de nieve, luego mézclalas con cuidado en la mezcla. Coloque con una cuchara en un molde desmontable y hornee en un horno precalentado a 180°C/350°F/Gas 4 durante 45 minutos. Deje que se enfríe lentamente, luego refrigere antes de servir.

Cheesecake holandés de manzana al horno

Para un pastel con un diámetro de 20 cm.

100 g de mantequilla o margarina

175 g / 6 oz / 1½ tazas de migas de galletas digestivas (galletas Graham).

2 manzanas (de postre) peladas, sin semillas y en rodajas

100 g/4 oz/2/3 taza de sultanas (pasas doradas)

225g/8oz/2 tazas de queso Gouda rallado

25 g/1 oz/¼ taza de harina normal (para todo uso)

75 ml/5 cucharadas de nata líquida (ligera)

2,5 ml / ½ cucharadita de mezcla de especias molidas (pastel de manzana).

Corteza rallada y jugo de 1 limón

3 huevos, separados

100 g/4 oz/¾ taza de azúcar en polvo

2 manzanas con piel roja, sin semillas y rebanadas

30 ml/2 cucharadas de mermelada de albaricoque (enlatada), tamizada (colada)

Derrita la mitad de la mantequilla o margarina y mezcle con las migas de galleta. Presione la masa en el fondo de un molde desmontable con un diámetro de 20 cm con un fondo suelto (lámina). Derrita la mantequilla restante y fría (freír) las manzanas para comer hasta que estén suaves y doradas. Escurra el exceso de grasa, enfríe un poco, luego extienda sobre la base de galleta y espolvoree con pasas.

Mezcle el queso, la harina, la crema, la mezcla de especias y el jugo y la ralladura de limón. Batir las yemas de huevo con el azúcar y mezclar con la mezcla de queso hasta que estén bien combinados.

Bate las claras de huevo hasta que estén firmes, luego incorpóralas a la mezcla. Transfiera al molde preparado y hornee en un horno precalentado a 180°C/350°F/Gas 4 durante 40 minutos hasta que esté firme en el centro. Dejar enfriar en el molde.

Coloca las rebanadas de manzana en círculos alrededor de la parte superior del pastel. Calentar la mermelada y pincelar con ella las manzanas para que se extiendan.

Tarta de queso con albaricoques al horno y avellanas

Para un pastel con un diámetro de 18 cm

75g/3oz/1/3 taza de mantequilla o margarina

100 g / 4 oz / 1 taza de harina normal (para todo uso)

100 g/4 oz/½ taza de azúcar en polvo (muy fina).

25g/1oz/¼ taza de avellanas molidas

30 ml / 2 cucharadas de agua fría

100 g/2/3 taza de albaricoques secos listos para comer, picados

Corteza rallada y jugo de 1 limón

100 g/1/2 taza de queso cottage (queso cottage suave).

100 g de queso crema

25 g/1 oz/¼ taza de harina de maíz (fécula de maíz)

2 huevos, separados

15 ml/1 cucharada de azúcar en polvo (repostería).

Frote la mantequilla o margarina con harina hasta que la masa parezca pan rallado. Mezcle la mitad del azúcar y las avellanas, luego agregue suficiente agua para hacer una masa dura (pasta). Estírelo y póngalo en un molde para tarta engrasado de 18 cm de diámetro con el fondo suelto. Extienda los albaricoques en el fondo. Mezcle la ralladura y el jugo de limón y los quesos en un procesador de alimentos o licuadora. Mezcla el azúcar restante, la harina de maíz y las yemas de huevo hasta obtener una consistencia suave y cremosa. Bate las claras de huevo hasta que estén rígidas, luego incorpóralas a la masa y extiéndelas en la bandeja para hornear. Hornee en un horno precalentado a 180°C/350°F/Gas 4 durante 30 minutos hasta que se levante bien y se dore. Deje que se enfríe un poco, luego tamice el azúcar en polvo encima y sirva tibio o frío.

Tarta de queso al horno con albaricoques y naranjas

8 porciones

Para la masa (pasta):

75g/3oz/1/3 taza de mantequilla o margarina

175 g/6 oz/1½ taza de harina normal (para todo uso)

Pizca de sal

30 ml/2 cucharadas de agua

Para el llenado:

225g/8oz/1 taza de queso cottage (queso cottage suave).

75 ml/5 cucharadas de leche

2 huevos, separados

30 ml/2 cucharadas de miel clara

3 gotas de esencia de naranja (extracto)

La piel de 1 naranja

25 g/1 oz/¼ taza de harina normal (para todo uso)

75 g/3 oz/½ taza de mitades de albaricoque, picadas

Frote la mantequilla o margarina con harina y sal hasta que la masa parezca pan rallado. Mezcle gradualmente en suficiente agua para hacer una masa suave. Estirar sobre una superficie ligeramente enharinada y colocar sobre un bizcocho engrasado de 20 cm de diámetro. Cubra con papel de hornear (encerado) y frijoles para hornear y hornee a ciegas en horno precalentado a 200°C/Gas 6 durante 10 minutos, luego retire el papel y los frijoles, reduzca la temperatura del horno a 190°C/375°F/gas marca 5 y hornee el caso (cáscara) durante otros 5 minutos.

Mientras tanto, mezcle el queso, la leche, las yemas de huevo, la miel, la esencia de naranja, la ralladura de naranja y la harina hasta que quede suave. Bate las claras de huevo hasta que formen picos suaves, luego agrégalas a la mezcla. Vierta en un recipiente y espolvoree los albaricoques encima. Hornee en el horno precalentado durante 20 minutos hasta que esté firme.

Tarta de queso al horno con albaricoques y ricotta

Para un pastel con un diámetro de 23 cm/9

100 g de mantequilla o margarina

225 g / 8 oz / 2 tazas de migas de galleta digestiva (galleta Graham).

75 g/3 oz/1/3 taza de azúcar en polvo

5 ml/1 cucharadita de canela molida

900 g/2 libras/4 tazas de queso ricotta

30 ml/2 cucharadas de harina normal (para todo uso).

2,5 ml/½ cucharadita de esencia de vainilla (extracto)

La ralladura de 1 limón

3 yemas

350 g de albaricoques, deshuesados (sin semillas) y partidos por la mitad

50 g / 2 oz / ½ taza de almendras en hojuelas (picadas)

Derrita la mantequilla, luego mezcle con las migas de galleta, 30 ml/2 cucharadas de azúcar y canela. Presione la mezcla en un molde desmontable de 23 cm/9 engrasado en el fondo suelto (lámina). Bate el queso ricotta con el azúcar restante, la harina, la esencia de vainilla y la ralladura de limón por 2 minutos. Poco a poco agregue las yemas hasta que la mezcla esté suave. Poner la mitad del relleno sobre la base de galleta. Extienda los albaricoques sobre el relleno, espolvoree con las almendras y cubra con el resto del relleno. Hornee en un horno precalentado a 180°C/350°F/Gas 4 durante 15 minutos hasta que esté firme al tacto. Dejar enfriar y luego refrigerar.

tarta de queso boston

Para un pastel con un diámetro de 23 cm/9

225 g / 8 oz / 2 tazas de migas de galleta simples (galletas).

50 g/2 oz/¼ taza de azúcar en polvo (muy fina).

2,5 ml/½ cucharadita de canela molida

Una pizca de nuez moscada rallada

75g/3oz/1/3 taza de mantequilla o margarina, derretida

Para el llenado:

4 huevos, separados

225 g/8 oz/1 taza de azúcar en polvo

250 ml/8 fl oz/1 taza de crema agria (láctea)

5 ml/1 cucharadita de esencia de vainilla (extracto)

30 ml/2 cucharadas de harina normal (para todo uso).

Pizca de sal

450 g/1 libra/2 tazas de queso crema

Mezcle las migas de galleta, el azúcar, la canela y la nuez moscada con la mantequilla derretida, luego presione en el fondo y los lados de un molde desmontable de 23 cm con un fondo suelto (bandeja). Batir las yemas hasta que estén espesas y cremosas. Bata las claras de huevo a punto de nieve, agregue 50 g/¼ de taza de azúcar y continúe batiendo hasta que estén firmes y brillantes. Mezcle la crema agria y la esencia de vainilla con las yemas de huevo, luego mezcle el resto del azúcar, la harina y la sal. Mezcle cuidadosamente el queso, luego agregue las claras de huevo. Vierta y hornee en un horno precalentado a 160°C/325°F/Gas 3 durante 1 hora, hasta que esté firme al tacto. Dejar enfriar y luego refrigerar antes de servir.

Pastel de queso caribeño al horno

Para un pastel con un diámetro de 23 cm/9

para la base:

100 g / 4 oz / 1 taza de harina normal (para todo uso)

25g/1oz/¼ taza de almendras molidas

25 g/1 oz/2 cucharadas de azúcar morena suave

50 g de mantequilla o margarina, derretida y enfriada

1 huevo

15 ml/1 cucharada de leche

Para el llenado:

75 g de pasas

15–30 ml/1–2 cucharadas de ron (al gusto)

225g/8oz/1 taza de queso cottage (queso cottage suave).

50 g de mantequilla o margarina

25g/1oz/¼ taza de almendras molidas

50 g/2 oz/¼ taza de azúcar en polvo (muy fina).

2 huevos

Para preparar la base, mezclar la harina, las almendras y el azúcar moreno. Agregue mantequilla o margarina, huevo y leche y mezcle hasta obtener una masa suave. Estirar y formar la base de un molde desmontable engrasado de 23 cm de diámetro, pinchar con un tenedor y hornear en horno precalentado a 190°C/375°F/Gas 5 durante 10 minutos hasta que estén doradas.

Para hacer el relleno, remoje las pasas en ron hasta que se llenen. Mezcle el queso, la mantequilla, las almendras molidas y el azúcar en polvo. Mezcla los huevos, luego agrega las pasas y el ron al gusto. Vierta sobre el fondo y hornee en el horno precalentado durante 10 minutos, hasta que esté dorado y firme al tacto.

Tarta de queso con chocolate al horno

Para un pastel con un diámetro de 23 cm/9

para la base:

100 g / 4 oz / 1 taza de migas de galleta de jengibre

15 ml/1 cucharada de azúcar

50 g de mantequilla derretida

Para el llenado:

175 g/6 oz/1½ taza de chocolate natural (semidulce)

225 g/8 oz/1 taza de azúcar en polvo

30 ml/2 cucharadas de cacao (chocolate sin azúcar) en polvo

450 g/1 libra/2 tazas de queso crema

120 ml/4 fl oz/½ taza de crema agria

5 ml/1 cucharadita de esencia de vainilla (extracto)

4 huevos, ligeramente batidos

Para preparar la base, mezcle las galletas y el azúcar con la mantequilla derretida y presione en el fondo de un molde desmontable de 23 cm/9 engrasado en un fondo suelto (lámina). Para preparar el relleno, derrita el chocolate con la mitad del azúcar y el cacao en un recipiente resistente al calor colocado sobre una olla con agua hirviendo a fuego lento. Retirar del fuego y dejar enfriar un poco. Bate el queso hasta que esté liviano, luego agrega gradualmente el azúcar restante, la crema agria y la esencia de vainilla. Poco a poco agregue los huevos, luego mezcle con la mezcla de chocolate y vierta sobre la base preparada. Hornee en un horno precalentado a 180°C/350°F/Gas 4 durante 40 minutos hasta que esté firme al tacto.

Cheesecake de Chocolate y Nueces

Para un pastel con un diámetro de 23 cm/9

para la base:
100 g / 4 oz / 1 taza de migas de galleta digestiva (galleta Graham).

100 g/4 oz/½ taza de azúcar en polvo (muy fina).

50 g de mantequilla derretida

Para el llenado:
175 g/6 oz/1½ taza de chocolate natural (semidulce)

50 g/2 oz/¼ taza de azúcar en polvo (muy fina).

30 ml/2 cucharadas de cacao (chocolate sin azúcar) en polvo

450 g/1 libra/2 tazas de queso crema

25g/1oz/¼ taza de almendras molidas

120 ml/4 fl oz/½ taza de crema agria

5 ml/1 cucharadita de esencia de almendras (extracto)

4 huevos, ligeramente batidos

Para preparar la base, mezcle las migas de galleta y 100 g/1/2 taza de azúcar con mantequilla derretida y presione en el fondo de un molde desmontable de 23 cm/9 engrasado en un fondo suelto (bandeja). Para preparar el relleno, derrita el chocolate con el azúcar y el cacao en un recipiente resistente al calor colocado sobre una olla con agua hirviendo a fuego lento. Retirar del fuego y dejar enfriar un poco. Bate el queso hasta que esté liviano, luego agrega gradualmente el azúcar restante, las almendras molidas, la crema agria y la esencia de almendras. Poco a poco agregue los huevos, luego mezcle con la mezcla de chocolate y vierta sobre la base preparada. Hornee en un horno precalentado a 180°C/350°F/Gas 4 durante 40 minutos hasta que esté firme al tacto.

tarta de queso alemana

Para un pastel con un diámetro de 23 cm/9

para la base

25 g/1 oz/2 cucharadas de mantequilla o margarina

225 g/8 oz/2 tazas de harina normal (para todo uso)

2,5 ml/½ cucharadita de polvo de hornear

50 g/2 oz/¼ taza de azúcar en polvo (muy fina).

1 yema

15 ml/1 cucharada de leche

Para el llenado:

900 g/2 libras/4 tazas de requesón

225 g/8 oz/1 taza de azúcar en polvo

50 g de mantequilla o margarina derretida

250 ml/8 fl oz/1 taza de crema doble (pesada)

5 ml/1 cucharadita de esencia de vainilla (extracto)

4 huevos, ligeramente batidos

175g/6oz/1 taza de sultanas (pasas doradas)

15 ml/1 cucharada de harina de maíz (fécula de maíz)

Pizca de sal

Para preparar la base, untar mantequilla o margarina con harina y polvo de hornear, luego mezclar con azúcar y hacer un hueco en el medio. Agregue la yema de huevo y la leche y mezcle hasta obtener una masa bastante suave. Presione en el fondo de un molde para pastel cuadrado de 23 cm/9 pulgadas (molde).

Para preparar el relleno, escurra el exceso de líquido de la cuajada, luego mezcle con el azúcar, la mantequilla derretida, la nata y la esencia de vainilla. Agregue los huevos. Mezcle las sultanas en la harina de maíz y la sal hasta que estén cubiertas, luego mézclelas en la mezcla. Cuchara sobre el fondo y hornee en un horno precalentado a 230°C/450°F/Gas 8 durante 10 minutos. Reduzca la temperatura del horno a 190°C/375°F/Gas 5 y hornee por 1 hora más hasta que esté firme al tacto. Dejar enfriar en el molde, luego refrigerar.

Tarta de queso con licor irlandés

Para un pastel con un diámetro de 23 cm/9

para la base:

225 g / 8 oz / 2 tazas de migas de galleta digestiva (galleta Graham).

50 g de almendras molidas

100 g/4 oz/½ taza de azúcar en polvo (muy fina).

100 g de mantequilla o margarina derretida

Para el llenado:

900 g/2 libras/4 tazas de queso crema

225 g/8 oz/1 taza de azúcar en polvo

5 ml/1 cucharadita de esencia de vainilla (extracto)

175ml/6oz/¾ taza de licor de crema irlandesa

3 huevos

Para la cobertura:

250 ml/8 fl oz/1 taza de crema agria (láctea)

60 ml/4 cucharadas de licor de crema irlandesa

50 g/2 oz/¼ taza de azúcar en polvo (muy fina).

Para preparar la base, mezcle las migas de galleta, las almendras y el azúcar con mantequilla derretida o margarina y presione en el fondo y los lados de un molde desmontable de 23 cm. Enfriar.

Para hacer el relleno, bate el queso crema con el azúcar hasta que quede suave. Agregue la esencia de vainilla y el licor. Poco a poco mezcle los huevos. Vierta y hornee en un horno precalentado a 180°C/350°F/Gas 4 durante 40 minutos.

Para hacer el topping, batir la nata, el licor y el azúcar hasta que espese. Vierta sobre la parte superior de la tarta de queso y distribuya uniformemente. Vuelve a meter la tarta de queso en el horno durante otros 5 minutos. Dejar enfriar y luego refrigerar antes de servir.

Cheesecake americano con limón y nueces

Para un pastel con un diámetro de 20 cm.

para la base:

225 g / 8 oz / 2 tazas de migas de galleta digestiva (galleta Graham).

25 g/1 oz/2 cucharadas de azúcar fina

5 ml/1 cucharadita de canela molida

50 g de mantequilla o margarina derretida

Para el llenado:

2 huevos, separados

100 g/4 oz/½ taza de azúcar en polvo

350 g/12 oz/1½ taza de queso blando con toda la grasa

Corteza rallada y jugo de 1 limón

150 ml/¼ pt/2/3 taza de crema doble (pesada)

25 g/1 oz/¼ taza de nueces mixtas picadas

Para preparar la base, mezclar las migas, el azúcar y la canela con mantequilla o margarina. Presione el fondo y los lados de un molde desmontable con un diámetro de 20 cm con un fondo suelto (bandeja). Enfriar.

Para hacer el relleno, bata las yemas de huevo y el azúcar hasta que espese. Agrega el queso, la ralladura de limón y el jugo. Batir la crema hasta que esté firme, luego incorporarla a la mezcla. Bate las claras de huevo hasta que estén firmes, luego incorpóralas a la mezcla. Vierta y hornee en un horno precalentado a 160°C/325°F/Gas 3 durante 45 minutos. Espolvorear con nueces y volver al horno por otros 20 minutos. Apague el horno y deje que la tarta de queso en el horno se enfríe, luego refrigere antes de servir.

Tarta De Queso De Naranja

Para un pastel con un diámetro de 23 cm/9

para la base:

100 g/1 taza de galletas wafer trituradas (cookies)

2,5 ml/½ cucharadita de canela molida

15 ml/1 cucharada de clara de huevo

Para el llenado:

450 g/1 libra/2 tazas de requesón

225g/8oz/1 taza de queso crema

75 g/3 oz/1/3 taza de azúcar en polvo

15 ml/1 cucharada de harina normal (para todo uso).

30 ml/2 cucharadas de jugo de naranja

10 ml/2 cucharaditas de piel de naranja rallada

5 ml/1 cucharadita de esencia de vainilla (extracto)

1 naranja grande, cortada en secciones y sin membranas

100 g de fresas, en rodajas

Para preparar la base, mezclar las galletas de mantequilla y la canela. Batir las claras de huevo a punto de nieve, luego mezclar con el pan rallado. Presione la masa en el fondo de un molde desmontable con un diámetro de 23 cm / 9 con un fondo suelto (placa). Hornee en un horno precalentado a 180°C/350°F/Gas 4 durante 10 minutos. Sacar del horno y dejar enfriar. Reduzca la temperatura del horno a 150 °C/300 °F/marca de gas 2.

Para preparar el relleno, mezcle los quesos, el azúcar, la harina, el jugo y la ralladura de naranja y la esencia de vainilla hasta que quede suave. Vierta sobre la base y hornee en el horno precalentado durante 35 minutos hasta que cuaje. Dejar enfriar y luego refrigerar para solidificar. Decora con naranjas y fresas.

Torta de queso ricotta

Para un pastel con un diámetro de 23 cm/9

para la base:

25 g/1 oz/2 cucharadas de azúcar fina

5 ml/1 cucharadita de piel de limón rallada

100 g / 4 oz / 1 taza de harina normal (para todo uso)

unas gotas de esencia de vainilla (extracto)

1 yema

25 g/1 oz/2 cucharadas de mantequilla o margarina

Para la cobertura:

750 g/1½ lb/3 tazas de queso ricotta

225 g/8 oz/1 taza de azúcar en polvo

120 ml/4 fl oz/½ taza de crema doble (pesada)

45 ml/3 cucharadas de harina normal (para todo uso).

5 ml/1 cucharadita de esencia de vainilla (extracto)

5 huevos, separados

150 g de frambuesas o fresas

Para hacer la base, mezcle el azúcar, la ralladura de limón y la harina, luego agregue la esencia de vainilla, la yema de huevo y la mantequilla o margarina. Continuar batiendo hasta que la mezcla forme una masa. Vierta la mitad de la masa en un molde para pastel de 23 cm engrasado y hornee en un horno precalentado a 200°C/400°F/Gas 6 durante 8 minutos. Reduzca la temperatura del horno a 180 °C/350 °F/marca de gas 4. Deje que se enfríe y luego exprima la masa restante alrededor de los lados del molde.

Para hacer el topping, bate el queso Ricotta hasta que esté cremoso. Mezclar el azúcar, la nata, la harina, la esencia de vainilla y las yemas de huevo. Bate las claras de huevo hasta que estén firmes, luego incorpóralas a la mezcla. Poner en el fondo y hornear en un horno precalentado durante 1 hora. Deje enfriar en la lata, luego enfríe antes de colocar la fruta encima para servir.

Tarta de queso al horno con queso y crema agria

Para un pastel con un diámetro de 23 cm/9

50 g de mantequilla o margarina blanda

50 g/2 oz/¼ taza de azúcar en polvo (muy fina).

1 huevo

350 g/12 oz/3 tazas de harina normal (para todo uso)

Para el llenado:

675 g/1½ lb./3 tazas de queso crema

15 ml/1 cucharada de jugo de limón

5 ml/1 cucharadita de piel de limón rallada

175 g/6 oz/¾ taza de azúcar en polvo

3 huevos

250 ml/8 fl oz/1 taza de crema agria (láctea)

5 ml/1 cucharadita de esencia de vainilla (extracto)

Para preparar la base, bate la mantequilla o la margarina con el azúcar hasta que quede suave y esponjosa. Poco a poco agregue el huevo, luego agregue la harina para hacer una masa (pasta). Estirar y forrar un molde para tarta (bandeja) de 23 cm engrasado y hornear en horno precalentado a 220°C/425°F/gas 7 durante 5 minutos.

Para preparar el relleno, mezcle el queso crema, el jugo de limón y la ralladura. Reserva 30 ml/2 cucharadas de azúcar, mezcla el resto con el queso. Poco a poco agregue los huevos, luego vierta la mezcla en el fondo. Hornee en el horno precalentado durante 10 minutos, luego reduzca la temperatura del horno a 150 °C/300 °F/nivel de gas 2 y hornee durante 30 minutos más. Mezcle la crema agria, el azúcar en polvo y la esencia de vainilla. Saque la masa con una cuchara y vuelva a ponerla en el horno y hornee por otros 10 minutos. Dejar enfriar y luego refrigerar antes de servir.

Pastel de queso ligero al horno con sultanas

Para un pastel con un diámetro de 18 cm

75g/3oz/1/3 taza de mantequilla o margarina, derretida

100 g/1 taza de copos de avena

50 g/1/3 taza de sultanas (pasas doradas)

Para el llenado:

50 g de mantequilla o margarina blanda

250 g / 9 oz / generosa 1 taza de requesón

2 huevos

25 g/3 cucharadas de sultanas (pasas doradas)

25g/1oz/¼ taza de almendras molidas

Zumo y ralladura de 1 limón

45 ml/3 cucharadas de yogur natural

Mezcle la mantequilla o la margarina, la avena y las sultanas. Vierta en el fondo de un molde para pastel de 18 cm engrasado y hornee en un horno precalentado a 180°C/350°F/4 gas durante 10 minutos. Mezclar los ingredientes del relleno y poner en el fondo. Hornea otros 45 minutos. Dejar enfriar en el molde antes de desmoldar.

Cheesecake de Vainilla al Horno Ligero

Para un pastel con un diámetro de 23 cm/9

175 g / 6 oz / 1½ tazas de migas de galletas digestivas (galletas Graham).

225 g/8 oz/1 taza de azúcar en polvo

5 claras de huevo

50 g de mantequilla o margarina derretida

225g/8oz/1 taza de queso crema

225 g/8 oz/1 taza de requesón

120 ml/4 fl oz/½ taza de leche

30 ml/2 cucharadas de harina normal (para todo uso).

5 ml/1 cucharadita de esencia de vainilla (extracto)

Pizca de sal

Mezcle las migas de galleta y 50 g/2 oz/¼ de taza de azúcar. Bate ligeramente una clara de huevo y mézclala con la mantequilla o la margarina, luego mézclala con la mezcla de migas de galleta. Presione en el fondo y los lados de un molde desmontable de 23 cm/9 pulgadas con el fondo suelto (láminas) y déjelo a un lado para que cuaje.

Para hacer el relleno, bata el queso crema y el requesón, luego agregue el azúcar restante, la leche, la harina, la esencia de vainilla y la sal. Batir las claras de huevo restantes hasta que estén firmes, luego mezclar con la masa. Vierta y hornee en un horno precalentado a 180°C/350°F/Gas 4 durante 1 hora, hasta que espese en el centro. Dejar enfriar en el molde durante 30 minutos antes de colocar sobre una rejilla metálica para que se enfríe por completo. Enfriar hasta que esté listo para servir.

Tarta de queso al horno con chocolate blanco

Para un pastel con un diámetro de 18 cm

225 g / 8 oz / 2 tazas de migas de galleta digestiva de chocolate natural (semidulce) (galleta graham)

50 g de mantequilla o margarina derretida

300 g de chocolate blanco

400 g/14 oz/1¾ taza de queso crema

150 ml/¼ pt/2/3 taza de crema agria (láctea)

2 huevos, ligeramente batidos

5 ml/1 cucharadita de esencia de vainilla (extracto)

Mezcle las migas de galleta con la mantequilla o la margarina y presione en el fondo de un molde para pastel de 18 cm/7" en el fondo suelto (lámina). Derrita el chocolate blanco en un recipiente resistente al calor colocado sobre una cacerola con agua hirviendo a fuego lento. Retire del fuego y agregue el queso crema, la crema, los huevos y la esencia de vainilla. Extienda la mezcla sobre la base y nivele la parte superior. Hornee en un horno precalentado a 160°C/325°F/Gas 3 durante 1 hora hasta que esté firme al tacto. Dejar enfriar en el molde.

Tarta de queso con chocolate blanco y avellanas

Para un pastel con un diámetro de 23 cm/9

225 g de galletas de barquillo de chocolate (galletas)

100 g/1 taza de avellanas molidas

30 ml/2 cucharadas de azúcar moreno suave

5 ml/1 cucharadita de canela molida

225g/8oz/1 taza de mantequilla o margarina

450 g/1 libra/4 tazas de chocolate blanco

900 g/2 libras/4 tazas de queso crema

4 huevos

1 yema

5 ml/1 cucharadita de esencia de vainilla (extracto)

Moler o machacar las obleas y mezclar con la mitad de las avellanas, el azúcar y la canela. Reserve 45 ml/3 cucharadas de la mezcla para la cobertura. Derrita 90 ml/ 6 cucharadas de mantequilla o margarina y mezcle con la mezcla de oblea restante. Presiona el fondo y los lados de un molde desmontable de 23 cm engrasado con fondo suelto (láminas) y refrigera mientras preparas el relleno.

Derrita el chocolate en un recipiente resistente al calor sobre una olla de agua hirviendo a fuego lento. Retirar del fuego y dejar enfriar un poco. Bate el queso hasta que esté suave y esponjoso. Agregue gradualmente los huevos y la yema, luego agregue la mantequilla restante y el chocolate derretido. Agregue la esencia de vainilla y las avellanas restantes y bata hasta que quede suave. Vierta el relleno en la miga. Hornee en un horno precalentado a 150°C/300°F/Gas 2 durante 1¼ horas. Espolvorea la parte superior con la mezcla de galleta waffle y nueces reservadas y regresa al horno por otros 15 minutos. Dejar enfriar y luego refrigerar antes de servir.

Tarta de queso con chocolate blanco y oblea

Para un pastel con un diámetro de 23 cm/9

225 g de galletas de barquillo de chocolate (galletas)

30 ml/2 cucharadas de azúcar fina

5 ml/1 cucharadita de canela molida

225g/8oz/1 taza de mantequilla o margarina

450 g/1 libra/4 tazas de chocolate blanco

900 g/2 libras/4 tazas de queso crema

4 huevos

1 yema

5 ml/1 cucharadita de esencia de vainilla (extracto)

Moler o triturar las obleas y mezclar con azúcar y canela. Reserve 45 ml/3 cucharadas de la mezcla para espolvorear. Derrita 90 ml/6 cucharadas de mantequilla o margarina y mezcle con la mezcla restante para barquillos. Presione en el fondo y los lados de un molde desmontable de 23 cm/9 engrasado en el fondo suelto (bandeja) y enfríe.

Para preparar el relleno, derrita el chocolate en un recipiente resistente al calor colocado sobre una olla con agua hirviendo a fuego lento. Retirar del fuego y dejar enfriar un poco. Bate el queso hasta que esté suave y esponjoso. Agregue gradualmente los huevos y la yema, luego agregue la mantequilla restante y el chocolate derretido. Agregue la esencia de vainilla y bata hasta que quede suave. Vierta el relleno en la miga. Hornee en un horno precalentado a 150°C/300°F/Gas 2 durante 1¼ horas. Espolvorea la parte superior con la mezcla de galleta waffle reservada y regresa al horno por otros 15 minutos. Dejar enfriar y luego refrigerar antes de servir.

masa crujiente

La masa quebrada (masa básica de hojaldre) es la masa (pasta) más versátil y se puede utilizar para todo tipo de aplicaciones, principalmente para tartas y pasteles. Por lo general, se hornea a 200°C/400°F/gas 6.

Rinde 350g/12oz

225 g/8 oz/2 tazas de harina normal (para todo uso)

2,5 ml / ½ cucharadita de sal

50 g/2 oz/¼ taza de manteca de cerdo (reducida)

50 g de mantequilla o margarina

30-45 ml/2-3 cucharadas de agua fría

Mezcle la harina y la sal en un tazón, luego frote la manteca de cerdo y la mantequilla o margarina hasta que la mezcla parezca pan rallado. Rocíe el agua uniformemente sobre la mezcla, luego mezcle con un cuchillo redondo hasta que la masa comience a formar grumos grandes. Presiona suavemente con los dedos hasta que la masa forme una bola. Estirar sobre una superficie ligeramente enharinada hasta que quede suave, pero no exagere. Envuelva en film transparente (plástico) y refrigere por 30 minutos antes de usar.

Masa quebrada con aceite

Al igual que la masa quebrada (pasta básica), es más hojaldrada y se debe utilizar nada más prepararla. Por lo general, se hornea a 200°C/400°F/gas 6.

Rinde 350g/12oz

75 ml/5 cucharadas de aceite

65 ml/2½ oz/4½ cucharadas de agua fría

225 g/8 oz/2 tazas de harina normal (para todo uso)

Pizca de sal

Bate el aceite y el agua en un tazón hasta que se mezclen. Poco a poco agregue la harina y la sal, mezclando con un cuchillo redondo hasta que se forme una masa. Coloque sobre una superficie de trabajo ligeramente enharinada y amase suavemente hasta que quede suave. Envuelva en film transparente (plástico) y refrigere por 30 minutos antes de usar.

Pan dulce rico

Se utiliza en tartas y tartas dulces porque es más rico que la masa quebrada normal (pastelería básica). Por lo general, se hornea a 200°C/400°F/gas 6.

Rinde 350g/12oz

150 g/5 oz/1¼ taza de harina normal (para todo uso)

Pizca de sal

75 g/3 oz/1/3 taza de mantequilla o margarina sin sal (dulce)

1 yema

10 ml/2 cucharaditas de azúcar fina

45-60 ml/3-4 cucharadas de agua fría

Mezcle la harina y la sal en un tazón, luego frote la mantequilla o la margarina hasta que la mezcla parezca pan rallado. Bate la yema de huevo, el azúcar y 10 ml/2 cucharaditas de agua en un tazón pequeño, luego mézclalos con la harina con un cuchillo redondo, agregando suficiente agua para hacer una masa suave. Forme una bola, colóquela sobre una superficie ligeramente enharinada y amase suavemente hasta que quede suave. Envuelva en film transparente (plástico) y refrigere por 30 minutos antes de usar.

Pan dulce americano

Masa pegajosa (pasta) que le da un acabado más crujiente, ideal para usar con frutas. Por lo general, se hornea a 200°C/400°F/gas 6.

Rinde 350g/12oz

175 g/6 oz/¾ taza de mantequilla o margarina, blanda

225 g/8 oz/2 tazas de harina leudante (autoleudante)

2,5 ml / ½ cucharadita de sal

45 ml/3 cucharadas de agua fría

Batir la mantequilla o margarina hasta que esté suave. Poco a poco batir la harina, la sal y el agua y mezclar hasta obtener una masa pegajosa. Cubra con film transparente (plástico) y refrigere por 30 minutos. Estirar entre hojas de papel para hornear ligeramente enharinada.

Tarta de queso

Masa quebrada (pasta) para tartas o pasteles salados. Por lo general, se hornea a 200°C/400°F/gas 6.

Rinde 350g/12oz

100 g / 4 oz / 1 taza de harina normal (para todo uso)

Pizca de sal

Una pizca de cayena

50 g de mantequilla o margarina

50 g/½ taza de queso Cheddar, rallado

1 yema

30 ml / 2 cucharadas de agua fría

Mezcle la harina, la sal y la cayena en un tazón, luego frote la mantequilla o la margarina hasta que la mezcla parezca pan rallado. Agregue el queso, luego mezcle con la yema de huevo y suficiente agua para formar una masa firme. Voltee sobre una superficie ligeramente enharinada y amase suavemente hasta que se mezclen. Envuelva en film transparente (plástico) y refrigere por 30 minutos antes de usar.

pastel choux

Una masa ligera (pasta) que se hincha hasta tres veces su tamaño sin hornear cuando se cocina. Ideal para tartas de nata y pasteles con tubos. Por lo general, se hornea a 200°C/400°F/gas 6.

Rinde 350g/12oz

50 g/2 oz/¼ taza de mantequilla sin sal (dulce)

150 ml/¼ pt/2/3 tazas de leche y agua en proporciones iguales, mezcladas

75 g/3 oz/1/3 taza de harina normal (para todo uso)

2 huevos, ligeramente batidos

Derrita la mantequilla en la leche y el agua en una cacerola a fuego lento. Llevar a ebullición rápidamente, retirar del fuego. Vierta toda la harina y bata hasta que la mezcla se despegue de las paredes del bol. Dejar enfriar un poco. Poco a poco agregue los huevos, poco a poco, hasta que la mezcla esté suave y brillante.

Mantecada

La masa quebrada (pasta) se utiliza para pasteles delicados como los cuernos de natillas. Esto solo debe hacerse en condiciones frescas. Generalmente se hornea a 220°C/425°F/gas 7.

Rinde 450 g/1 libra

225 g/8 oz/2 tazas de harina normal (para todo uso)

2. 5 ml/½ cucharadita de sal

75 g/3 oz/1/3 taza de manteca (manteca vegetal)

75g/3oz/1/3 taza de mantequilla o margarina

5 ml/1 cucharadita de jugo de limón

100ml/3½oz/6½ cucharadas de agua helada

Mezclar la harina y la sal en un bol. Mezcle la manteca con mantequilla o margarina, luego forme un bloque y córtela en cuartos. Frote una cuarta parte de la grasa en la harina hasta que la mezcla parezca pan rallado. Agregue jugo de limón y suficiente agua para amasar una masa suave con un cuchillo circular. Cubra con film transparente (plástico) y refrigere por 20 minutos.

Estirar la masa sobre una superficie ligeramente enharinada hasta que tenga un grosor de unos 5 mm. Corta el siguiente cuarto de la grasa y pon puntos en dos tercios de la masa, dejando un espacio alrededor del borde. Enrolle la tercera parte de la masa sin mantequilla sobre la grasa, luego doble la tercera parte de la masa untada con mantequilla. Presione todas las costuras con los dedos para sellarlas. Cubra con film transparente y enfríe durante 20 minutos.

Coloque la masa en la superficie con la junta a la derecha. Extienda como antes, luego cepille con un tercio de la grasa. Doble, selle y refrigere como antes.

Coloque la masa en la superficie con la junta a la izquierda. Estirar como antes, luego espolvorear con la última cuarta parte de la grasa. Doble, selle y refrigere como antes.

Estirar la masa a un grosor de 5 mm, luego doblar de nuevo. Cubra con film transparente y enfríe durante 20 minutos antes de usar.

Hojaldre

La masa de hojaldre (pasta) debe elevarse unas seis veces su altura después de hornearse y se puede utilizar para todo tipo de pasteles ligeros que requieran una masa esponjosa. Por lo general, se hornea a 230°C/450°F/gas 8.

Rinde 450 g/1 libra

225 g/8 oz/2 tazas de harina normal (para todo uso)

5 ml/1 cucharadita de sal

225g/8oz/1 taza de mantequilla o margarina

2,5 ml/½ cucharadita de jugo de limón

150 ml/¼ pt/2/3 taza de agua helada

Mezclar la harina y la sal en un bol. Cortar 50 g de mantequilla o margarina en trozos, luego frotar en la harina hasta que la mezcla parezca pan rallado. Agregue el jugo de limón y el agua y use un cuchillo redondo para mezclar hasta obtener una masa suave. Transfiera la masa a una superficie ligeramente enharinada y amase suavemente hasta que quede suave. Forme una bola y haga un entrecruzamiento profundo en el centro, cortando aproximadamente las tres cuartas partes de la masa (pasta). Abre las solapas y enrolla la masa para que el centro sea más grueso que los bordes. Coloque la mantequilla o margarina restante en el centro de la masa, doble las solapas para cubrirlas y selle los bordes. Estirar la masa en un rectángulo de 40 x 20 cm/16 x 8 pulgadas, teniendo cuidado de que no se salga la mantequilla. Dobla el tercio inferior de la masa hacia adentro, luego dobla el tercio superior. Presiona los bordes para que se peguen luego gire la masa un cuarto de vuelta. Cubra con film transparente (plástico) y refrigere por 20 minutos. Repita enrollar, doblar y enfriar un total de 6 veces. Cubra con film transparente y enfríe durante 30 minutos antes de usar.

Hojaldre áspero

Más fácil de hacer que el hojaldre (pasta), de textura ligera, se sirve mejor tibio que frío. Generalmente se hornea a 220°C/425°F/gas 7.

Rinde 450 g/1 libra

225 g/8 oz/2 tazas de harina normal (para todo uso)

5 ml/1 cucharadita de sal

175 g/6 oz/¾ taza de mantequilla o margarina, fría y cortada en cubitos

5 ml/1 cucharadita de jugo de limón

150 ml/¼ pt/2/3 taza de agua helada

Mezclar todos los ingredientes con un cuchillo de hoja redonda hasta obtener una masa suave. Transfiera a una superficie ligeramente enharinada y extiéndala con cuidado en un rectángulo de 30 x 10 cm/12 x 4 pulgadas de unos 2 cm de grosor. Dobla el tercio inferior de la masa hacia el centro, luego el tercio superior hacia abajo. Voltee la masa para que la costura quede del lado izquierdo y selle los bordes con la punta de los dedos. Estirar en un rectángulo un poco más grande, de aproximadamente 1 cm de espesor. Dobla la masa de la misma manera, sella los bordes y gira la masa un cuarto de vuelta. Cubra con film transparente (plástico) y refrigere por 20 minutos. Repita este enrollado, plegado y girado cuatro veces en total, enfriándose después de cada dos giros. Envolver en film transparente y refrigerar por 20 minutos antes de usar.

Paté Sucre

Masa (pasta) fina y dulce con una consistencia fundente, perfecta para tartas (conchas). Usualmente horneado a ciegas a 180°C/350°F/gas 4.

Rinde 350g/12oz

100 g / 4 oz / 1 taza de harina normal (para todo uso)

Pizca de sal

50 g de mantequilla o margarina blanda

50 g/2 oz/¼ taza de azúcar en polvo (muy fina).

2 yemas

Tamizar la harina y la sal sobre una superficie de trabajo fría y hacer un hueco en el centro. Colocar en el centro la mantequilla o margarina, el azúcar y las yemas de huevo y amasar, añadiendo poco a poco la harina con la yema de los dedos hasta obtener una masa suave y tersa. Cubra con film transparente (plástico) y refrigere por 30 minutos antes de usar.

Bollos Choux Con Nata

hace 16

50 g/2 oz/¼ taza de mantequilla sin sal (dulce)

150 ml/¼ pt/2/3 tazas de leche y agua en proporciones iguales, mezcladas

75 g/3 oz/1/3 taza de harina normal (para todo uso)

2 huevos batidos

150 ml/¼ pt/2/3 taza de crema doble (pesada)

Azúcar en polvo (de repostería), tamizada, para espolvorear

En una cacerola, derrita la mantequilla con la leche y el agua, luego hierva. Retire del fuego, agregue toda la harina y bata hasta que la mezcla se despegue de las paredes de la sartén. Poco a poco agregue los huevos poco a poco hasta que se mezclen. Exprima o cuchare la masa sobre una bandeja para hornear humedecida (galleta) y hornee en un horno precalentado a 200°C/400°F/gas 6 durante 20 minutos, dependiendo del tamaño, hasta que se dore. Haga un corte en el costado de cada pastel para permitir que escape el vapor, luego deje que se enfríe sobre una rejilla. Bate la crema hasta que esté firme, luego exprímela en el centro de los rollos de hojaldre. Servir espolvoreado con azúcar glass.

Mandarinas Crujientes De Queso

hace 16

Para la masa (pasta):

50g/2oz/¼ taza de mantequilla

150 ml/¼ pt./2/3 taza de agua

75 g/3 oz/¾ taza de harina normal (para todo uso)

2 huevos batidos

Para el llenado:

300 ml/½ taza/1¼ taza de crema doble (pesada)

75 g/3 oz/¾ taza de queso Cheddar, rallado

10 ml/2 cucharaditas de licor de naranja

300g/11oz/1 lata mediana de mandarinas, escurridas

En una cacerola, derrita la mantequilla con el agua, luego lleve a ebullición. Retire del fuego, agregue toda la harina y bata hasta que la mezcla se despegue de las paredes de la sartén. Poco a poco agregue los huevos, poco a poco, hasta que se mezclen. Saque o deje caer cucharadas de masa en una bandeja para hornear humedecida (galletas) y hornee en un horno precalentado a 200°C/400°F/Gas 6 durante 20 minutos, dependiendo del tamaño, hasta que estén doradas. Haga un corte en el costado de cada pastel para permitir que escape el vapor, luego deje que se enfríe sobre una rejilla.

Batir la mitad de la nata a punto de nieve, luego añadir el queso y el licor. Coloca las bolitas de crema y exprime algunas mandarinas en cada una. Disponer los hojaldres en un plato grande y servir con la nata restante.

canutillos de chocolate

el hace 10

225 g/8 oz de pasta choux

Para el llenado:

150 ml/¼ pt/2/3 taza de crema doble (pesada)

5 ml/1 cucharadita de azúcar fina

5 ml/1 cucharadita de azúcar en polvo (repostería).

unas gotas de esencia de vainilla (extracto)

Para la salsa:

50 g/½ taza de chocolate natural (semidulce)

15 g/½ onza/1 cucharada de mantequilla o margarina

20 ml/4 cucharaditas de agua

25 g/3 cucharadas de azúcar glas (dulce).

Introducir la masa en una manga pastelera provista de boquilla normal de 2 cm de diámetro y apretar 10 piezas sobre una bandeja de horno (galleta) ligeramente engrasada, separadas entre sí. Hornee en el horno precalentado a 190°C/375°F/Gas 5 durante 30 minutos hasta que los canutillos estén bien subidos y dorados. Colocar sobre la rejilla y hacer un corte en un lado para que salga el vapor. Dejar enfriar.

Para preparar el relleno montar la nata con el azúcar y la esencia de vainilla. Cuchara en los canutillos.

Para hacer la salsa, derrita el chocolate, la mantequilla o la margarina y el agua en una cacerola pequeña a fuego lento, revolviendo constantemente. Batir el azúcar en polvo y esparcir sobre los canutillos.

bollos con crema

hace 20

225 g/8 oz de pasta choux

Para el llenado:

150 ml/¼ pt/2/3 taza de crema doble (pesada)

5 ml/1 cucharadita de azúcar fina

5 ml/1 cucharadita de azúcar en polvo (repostería).

unas gotas de esencia de vainilla (extracto)

Para la salsa:

50 g/½ taza de chocolate natural (semidulce), rallado

25 g/1 oz/2 cucharadas de azúcar fina

300 ml/½ pt 1¼ taza de leche

15 ml/1 cucharada de harina de maíz (fécula de maíz)

unas gotas de esencia de vainilla (extracto)

Vierta la masa en una manga pastelera equipada con una boquilla regular de 2 cm de diámetro y coloque unas 20 bolitas pequeñas en una bandeja para hornear ligeramente engrasada (galleta), espaciadas. Hornea en el horno precalentado a 190°C/375°F/Gas 5 durante 25 minutos hasta que los profiteroles estén bien subidos y dorados. Colocar sobre la rejilla y marcar cada uno para que salga el vapor. Dejar enfriar.

Para preparar el relleno montar la nata con el azúcar y la esencia de vainilla. Cuchara en los profiteroles. Colóquelos en un montículo alto en un plato para servir.

Para hacer la salsa, en un bol ponemos el chocolate y el azúcar, añadimos todo menos 15 ml/1 cucharada de leche. Mezclar la leche reservada con la harina de maíz. Caliente la leche, el chocolate y el azúcar suavemente, revolviendo ocasionalmente, hasta que el chocolate se derrita. Agregue la mezcla de harina de maíz y deje hervir. Cocine por 3 minutos, revolviendo. Agregar esencia de vainilla. Colar en una jarra caliente. Vierta la salsa picante sobre los profiteroles o déjela enfriar, luego vierta sobre los productos horneados.

Tarta de almendras y melocotón

Para un pastel con un diámetro de 23 cm/9

250 g / 12 oz de hojaldre

225g/8oz/2 tazas de almendras molidas

175 g/6 oz/¾ taza de azúcar en polvo

2 huevos

5 ml/1 cucharadita de jugo de limón

15 ml/1 cucharada Amaretto

450 g de melocotones, deshuesados y partidos por la mitad

Azúcar extra en polvo (muy fina) para espolvorear

50 g / 2 oz / ½ taza de almendras en hojuelas (picadas)

Estirar la masa sobre una superficie ligeramente enharinada en dos rectángulos de unos 5 mm de grosor. Coloque uno en una bandeja para hornear humedecida (galleta). Mezcle las almendras molidas, el azúcar, un huevo, el jugo de limón y Amaretto y mezcle hasta obtener una pasta. Extienda la masa en un rectángulo de tamaño similar y colóquelo encima de la masa. Coloque los melocotones, con el lado cortado hacia abajo, sobre la pasta de almendras. Separar el huevo restante y pintar los bordes de la masa con un poco de yema de huevo batida. Dobla el resto del rectángulo de masa por la mitad a lo largo. Corta hendiduras cada 1 cm desde el pliegue hasta 1 cm del borde opuesto. Desenrolle la masa y colóquela sobre los melocotones, presionando los bordes para que se peguen. Marque los bordes con un cuchillo. Enfriar durante 30 minutos. Pintar con la yema de huevo batida restante y hornear en horno precalentado a 220°C/425°F/Gas 7 durante 20 minutos, hasta que crezca bien. Pintar con clara de huevo, espolvorear con azúcar en polvo y espolvorear con hojuelas de almendra. Volvemos a meter en el horno otros 10 minutos hasta que estén doradas.

molinos de viento de manzana

Hace 6

hojaldre de 225 g / 8 oz

1 manzana grande comestible (de postre)

15 ml/1 cucharada de jugo de limón

30 ml/2 cucharadas de mermelada de albaricoque (enlatada), tamizada (colada)

15 ml/1 cucharada de agua

Estirar la masa y cortar en cuadrados de 13 cm. Haz cuatro cortes de 5 cm en las líneas diagonales de los cuadrados de masa desde el borde hasta el centro. Moje el centro de los cuadrados y presione un punto de cada esquina hacia el centro para hacer un molino de viento. Pele la manzana, quite las semillas y córtela en rodajas finas, rocíe con jugo de limón. Coloque las rodajas de manzana en el centro de los abanicos y hornee en un horno precalentado a 220°C/425°F/Gas 7 durante 10 minutos hasta que se hinchen y se doren. Caliente la mermelada con agua hasta que esté bien mezclada, luego cepille las manzanas y la masa para untarla. Dejar enfriar.

Cuernos de crema

el hace 10

450 g/1 lb Hojaldre o masa quebrada

1 yema

15 ml/1 cucharada de leche

300 ml/½ taza/1¼ taza de crema doble (pesada)

50 g/1/3 taza de azúcar en polvo (de repostería), tamizada, más extra para espolvorear

Estirar la masa en un rectángulo de 50 x 30 cm, cortar los bordes y cortar a lo largo en tiras de 2,5 cm. Mezclar la yema de huevo con la leche y pincelar con cuidado la mezcla sobre la masa, teniendo cuidado de que ninguno de los huevos caiga al fondo de la masa o se pegue a los moldes. Gire cada tira en espiral alrededor del molde de metal con las esquinas para que se superpongan con los bordes de las tiras de masa. Pintar de nuevo con yema de huevo y leche y colocar en el extremo inferior de la bandeja de horno (galletas). Hornee en un horno precalentado a 200°C/400°F/Gas 6 durante 15 minutos hasta que estén doradas. Deje enfriar durante 3 minutos, luego retire los moldes del pastel mientras aún está caliente. Dejar enfriar. Batir la crema con azúcar en polvo hasta que esté firme, luego exprimirla en las esquinas cremosas. Espolvorear con un poco de azúcar en polvo.

Feuilleté

Hace 6

hojaldre de 225 g / 8 oz

100 g de frambuesas

120 ml/4 fl oz/½ taza de crema doble (pesada)

60 ml/4 cucharadas de azúcar en polvo (repostería).

unas gotas de agua

Unas gotas de colorante alimentario rojo.

Estirar la masa a un grosor de 5 mm sobre una superficie de trabajo ligeramente enharinada y alinear los bordes en un rectángulo. Coloque en una bandeja para hornear sin engrasar (galletas) y hornee en un horno precalentado a 220°C/425°F/Gas 7 durante 10 minutos hasta que se levante y se dore. Dejar enfriar. Cortar el bizcocho horizontalmente en dos capas. Lave bien la fruta, escúrrala y séquela. Batir la nata hasta que esté dura. Extienda sobre la capa inferior del pastel, coloque la fruta encima y luego coloque la capa superior del pastel encima. Coloque el azúcar en polvo en un tazón y agregue gradualmente suficiente agua para hacer un glaseado espeso. Extienda la mayor parte de la formación de hielo en la parte superior de la torta. Colorea el glaseado restante con un poco de colorante para alimentos y agrega un poco más de azúcar en polvo si está demasiado líquido. Rocíe o rocíe líneas sobre el glaseado blanco, luego pase un palillo por las líneas para crear un efecto de glaseado suave. Servir inmediatamente.

Galletas con relleno de ricota

hace 16

hojaldre de 350 g / 12 oz

1 clara de huevo

10 ml/2 cucharaditas de azúcar fina

Para el llenado:

150 ml/¼ pt/2/3 taza doble (pesada) o crema batida

100 g/1/2 taza de queso ricota

30 ml/2 cucharadas de azúcar fina

45 ml/3 cucharadas de ralladura mixta picada

Azúcar en polvo (productos de confitería) para espolvorear

Estirar la masa (pasta) finamente sobre una superficie ligeramente enharinada y cortar en cuatro círculos con un diámetro de 18 cm. Corte cada círculo en cuartos, colóquelos en una bandeja para hornear ligeramente engrasada (galleta) y refrigere por 30 minutos.

Batir las claras de huevo a punto de nieve, luego agregar el azúcar. Extienda sobre el pastel y hornee en el horno precalentado durante 10 minutos, hasta que se hinche y se dore. Pasamos a una rejilla metálica y hacemos unos cortes en los triángulos, en los que pondremos el relleno. Dejar enfriar.

Para hacer el relleno, montar la nata a punto de nieve. Suavizar la ricota en un bol, luego mezclarla con la nata, el azúcar y la fruta. Tubo o ponga relleno en las galletas y sirva inmediatamente espolvoreado con azúcar en polvo.

Hojaldres de maní

hace 18

200g/7oz/1¾ taza de nueces, molidas gruesas

75 g/3 oz/1/3 taza de azúcar en polvo

30 ml/2 cucharadas de licor de anís o Pernod

25 g/1 oz/2 cucharadas de mantequilla o margarina, blanda

450 g/1 libra de hojaldre

1 huevo batido

Mezclar los frutos secos, el azúcar, el licor y la mantequilla o margarina. Extienda la masa (pasta) sobre una superficie ligeramente enharinada en un rectángulo de 60 x 30 cm (24 x 12 pulgadas) (también puede extender la mitad de la masa a la vez). Cortar en 18 cuadrados y dividir la mezcla de nueces entre los cuadrados. Pintar los bordes de los cuadrados con huevo batido, enrollar y pegar en forma de salchicha con la juntura por debajo y torcer los extremos como si fuera un envoltorio de caramelo. Colocar en una placa de horno engrasada (galletas) y pintar con huevo batido. Hornee en un horno precalentado a 230°C/450°F/Gas 8 durante 10 minutos hasta que se infle y se dore. Comer caliente el día de la cocción.

pasteles daneses

Rinde 450 g/1 libra

450 g/1 lb/4 tazas de harina normal (para todo uso)

5 ml/1 cucharadita de sal

25 g/1 oz/2 cucharadas de azúcar fina

5 ml/1 cucharadita de cardamomo molido

50 g de levadura fresca o 75 ml/5 cucharadas de levadura seca

250ml/8oz/1 taza de leche

1 huevo batido

300 g/10 oz/1¼ taza de mantequilla, rebanada

Tamizar la harina, la sal, el azúcar y el cardamomo en un bol. Montar la levadura con un poco de leche y mezclarla con la harina, el resto de la leche y el huevo. Mezclar en una masa y amasar hasta que quede suave y brillante.

Estirar la masa (pasta) sobre una superficie ligeramente enharinada en un rectángulo que mida 56 x 30 cm / 22 x 12 pulgadas y aproximadamente 1 cm de espesor. Coloque las rebanadas de mantequilla en el tercio medio de la masa, dejando un espacio alrededor del borde. Dobla un tercio de la masa para cubrir la mantequilla, luego dobla el tercio restante. Apriete los extremos con la punta de los dedos, luego enfríe durante 15 minutos. Estirar nuevamente al mismo tamaño, doblar en tercios y refrigerar por 15 minutos. Repite el proceso una vez más. Coloque la masa en una bolsa de plástico enharinada y déjela reposar durante 15 minutos antes de usar.

Pretzel de cumpleaños danés

8 porciones

50 g de levadura fresca

50 g/2 oz/¼ taza de azúcar en polvo

450 g/1 lb/4 tazas de harina normal (para todo uso)

250ml/8oz/1 taza de leche

1 huevo

200 g/7 oz/poco menos de 1 taza de mantequilla, fría y en rodajas

Para el llenado:

100 g/1 taza de almendras picadas

100 g de mantequilla o margarina

100 g/4 oz/½ taza de azúcar en polvo (muy fina).

Huevo batido en el glaseado

25 g de almendras blanqueadas, picadas en trozos grandes

15 ml/1 cucharada de azúcar demerara

Batir la levadura con azúcar. Poner la harina en un bol. Mezclar la leche y el huevo y añadir a la harina con levadura. Amasar la masa, tapar y reservar en un lugar fresco durante 1 hora. Estirar la masa (pasta) a 56 x 30 cm/22 x 12 pulgadas. Extienda la mantequilla sobre el tercio medio de la masa, evitando los bordes. Dobla un tercio de la masa en mantequilla, luego dobla el otro tercio y junta los bordes. Enfriar por 15 minutos. Estirar, doblar y enfriar tres veces más.

Mezcle los ingredientes restantes excepto los huevos, las almendras y el azúcar hasta que quede suave.

Estirar la masa en una tira larga de unos 3 mm de grosor y 10 cm de ancho. Extienda el relleno en el medio, humedezca los bordes y presiónelos contra el relleno. Forme una forma de pretzel en una bandeja para hornear engrasada (galleta) y reserve en un lugar cálido durante 15 minutos. Pintar con huevo batido y espolvorear con almendras blanqueadas y azúcar demerara. Hornee en un horno precalentado a 230°C/450°F/Gas 8 durante 15-20 minutos hasta que suba y esté dorado.

Caracoles de pastelería danesa

hace 16

100 g/1/2 taza de mantequilla sin sal (dulce), ablandada

60 ml/4 cucharadas de azúcar en polvo (repostería).

45 ml/3 cucharadas de grosellas

½ cantidad de pasta danesa

15 ml/1 cucharada de canela molida

glaseado de hielo

Para preparar el relleno, bata la mantequilla y el azúcar en polvo hasta que quede suave, luego mezcle con las grosellas. Estirar la masa en un rectángulo de aproximadamente 40 x 15 cm. Untar con relleno de mantequilla y espolvorear con canela. Enrolle desde el extremo corto para hacer una forma suiza (gelatina). Cortar en 16 rebanadas y colocar en una bandeja para hornear (galleta). Ponga a un lado en un lugar cálido durante 15 minutos. Hornee en un horno precalentado a 230°C/450°F/Gas 8 durante 10-15 minutos hasta que estén doradas. Dejar enfriar, luego decorar con helado.

Trenzas de pastelería danesa

hace 16

½ cantidad de pasta danesa

1 huevo batido

25 g/3 cucharadas de grosellas

glaseado de hielo

Divide la masa en seis partes iguales y forma un rollo largo con cada una. Moje los extremos de los rollos y apriételos en grupos de tres, luego trence las longitudes juntas, pegando los extremos. Cortar en trozos de 10 cm de largo y colocar en una bandeja para hornear. Ponga a un lado en un lugar cálido durante 15 minutos. Pintar con huevo batido y espolvorear con pasas. Hornee en un horno precalentado a 230°C/450°F/Gas 8 durante 10-15 minutos hasta que suba bien y se dore. Dejar enfriar y luego enfriar con helado.

Molinos de viento de confitería danesa

hace 16

25g/1oz/¼ taza de almendras molidas

25 g/3 cucharadas de azúcar glas (dulce).

un poco de clara de huevo

½ cantidad de pasta danesa

Para hacer el relleno, muela las almendras y el azúcar en polvo, luego agregue gradualmente suficientes claras de huevo para hacer una mezcla firme y suave. Estirar la masa y cortar en cuadrados de 10 cm. Cortar en diagonal desde las esquinas a 1 cm del centro. Coloque una cucharada de relleno en el centro de cada abanico, luego inserte las cuatro esquinas en el interior como un abanico y presione el relleno. Coloque en una bandeja para hornear (galletas) y reserve en un lugar cálido durante 15 minutos. Cepille con la clara de huevo restante y hornee en un horno precalentado a 230°C/450°F/Gas 8 durante 10-15 minutos hasta que se hinche y se dore.

Galletas de almendras

Hace 24

450 g/1 lb/2 tazas de azúcar fina

450 g/1 lb/4 tazas de almendras molidas

6 huevos, ligeramente batidos

5 ml/1 cucharadita de esencia de vainilla (extracto)

75 g/3 oz/¾ taza de piñones

Mezcla el azúcar, las almendras molidas, los huevos y la esencia de vainilla hasta que estén bien combinados. Vierta en una bandeja para hornear de 30 x 23 cm/12 x 9 engrasada y forrada y espolvoree con piñones. Hornee en un horno precalentado a 180 °C/350 °F/Gas 4 durante 1,5 horas hasta que estén doradas y firmes al tacto. Cortar en cuadrados.

Envase básico para una tarta de galleta

Hace uno de 23cm/9 en un estuche (carcasa)

2 huevos

200 g/7 oz/pequeño 1 taza de azúcar en polvo (muy fina).

5 ml/1 cucharadita de esencia de vainilla (extracto)

150 g/5 oz/1¼ taza de harina normal (para todo uso)

5 ml/1 cucharadita de polvo de hornear

Pizca de sal

120 ml/4 fl oz/½ taza de leche

50 g de mantequilla o margarina

Batir los huevos, el azúcar y la esencia de vainilla, luego mezclar la harina, el polvo de hornear y la sal. Hierva la leche y la mantequilla o la margarina en una cacerola pequeña, luego viértala en la masa y mezcle bien. Vierta en un molde para pastel de 23 cm engrasado y hornee en un horno precalentado a 180°C/350°F/4 gas durante 30 minutos hasta que esté ligeramente dorado. Retire a una rejilla de metal para enfriar.

Tarta De Almendras

Receta para una tarta con un diámetro de 20 cm.

175g/6oz Pan dulce

Para el llenado:

50 g de mantequilla o margarina blanda

2 huevos batidos

50g/2oz / ½ taza de harina leudante (autoleudante)

75g/3oz/¾ taza de almendras molidas

Unas gotas de esencia de almendras (extracto)

45 ml/3 cucharadas de jugo de naranja

400 g/14 oz/1 lata grande de duraznos o albaricoques, bien escurridos

15 ml/1 cucharada de copos de almendras

Estirar la masa (pasta) y ponerla en un molde para tarta engrasado con un diámetro de 20 cm (bandeja). Pinchar el fondo con un tenedor. Batir la mantequilla o margarina y los huevos hasta que estén suaves. Agregar poco a poco la harina, la almendra molida, la esencia de almendra y el jugo de naranja. Tritura los melocotones o albaricoques en un procesador de alimentos o pásalos por un colador. Extienda el puré sobre la masa, luego cubra con la mezcla de almendras. Espolvorea con almendras en hojuelas y hornea en un horno precalentado a 190 °C/375 °F/Gas 5 durante 40 minutos, hasta que esté elástica al tacto.

Tarta de manzana y naranja del siglo XVIII

Para una tarta de 18 cm de diámetro

Para la masa (pasta):

100 g / 4 oz / 1 taza de harina normal (para todo uso)

25 g/1 oz/2 cucharadas de azúcar fina

50 g de mantequilla o margarina

1 yema

Para el llenado:

75g/3oz/1/3 taza de mantequilla o margarina, blanda

75 g/3 oz/1/3 taza de azúcar en polvo

4 yemas

25 g/3 cucharadas de piel picada mixta (confitada)

La cáscara de 1 naranja grande

1 manzana para comer (postre).

Para hacer la masa, mezcle la harina y el azúcar en un tazón, luego frote la mantequilla o la margarina hasta que la mezcla parezca pan rallado. Agregue las yemas de huevo y mezcle suavemente hasta formar una masa. Envuelva en film transparente (plástico) y refrigere por 30 minutos antes de usar. Estirar la masa y forrar un molde para tarta de 18 cm engrasado.

Para preparar el relleno, bata la mantequilla o margarina y el azúcar hasta que quede suave y esponjoso, luego agregue las yemas de huevo, la ralladura mixta y la ralladura de naranja. Cuchara sobre el pastel. Pelar la manzana, quitarle las semillas, rallarla y extenderla sobre una placa de horno. Hornee en un horno precalentado a 180°C/350°F/Gas 4 durante 30 minutos.

tarta de manzana alemana

Receta para una tarta con un diámetro de 20 cm.

Para la masa (pasta):

100 g/4 oz/1 taza de harina leudante (autoleudante)

50 g/2 oz/¼ taza de azúcar moreno suave

25g/1oz/¼ taza de almendras molidas

75g/3oz/1/3 taza de mantequilla o margarina

5 ml/1 cucharadita de jugo de limón

1 yema

Para el llenado:

450 g de manzanas (tarta) para cocinar, peladas, sin corazón y en rodajas

75g/3oz/1/3 taza de azúcar moreno blando

La ralladura de 1 limón

5 ml/1 cucharadita de jugo de limón

Para la cobertura:

50 g de mantequilla o margarina

50 g/2 oz/½ taza de harina normal (para todo uso)

5 ml/1 cucharadita de canela molida

150g/5oz/2/3 taza de azúcar morena suave

Para hacer la masa, mezcle la harina, el azúcar y las almendras, luego frote la mantequilla o la margarina hasta que la mezcla parezca pan rallado. Agregue jugo de limón y yema de huevo y amase la masa. Presione en el fondo de un molde desmontable de 20 cm engrasado. Mezclar los ingredientes del relleno y esparcir por el fondo. Para hacer el topping, untar mantequilla o margarina con harina y canela, luego mezclar con azúcar y esparcir sobre el relleno. Hornee en un horno precalentado a 180°C/350°F/Gas 4 durante 1 hora hasta que estén doradas.

Tarta De Miel De Manzana

Receta para una tarta con un diámetro de 20 cm.

Para la masa (pasta):

75g/3oz/1/3 taza de mantequilla o margarina

175 g/6 oz/1½ taza de harina integral (trigo integral).

Pizca de sal

5 ml/1 cucharadita de miel pura

1 yema

30 ml / 2 cucharadas de agua fría

Para el llenado:

900 g de manzanas para cocinar (tarta).

30 ml/2 cucharadas de agua

75 ml/5 cucharadas de miel pura

Corteza rallada y jugo de 1 limón

25 g/1 oz/2 cucharadas de mantequilla o margarina

2,5 ml/½ cucharadita de canela molida

2 manzanas para comer (postre).

Para hacer la masa, frote mantequilla o margarina con harina y sal hasta que la mezcla parezca pan rallado. Agregue la miel. Batir la yema de huevo con un poco de agua y mezclar con la mezcla, agregando suficiente agua para hacer una masa suave. Envolver en film transparente (plástico) y refrigerar por 30 minutos.

Para preparar el relleno, pele las manzanas para cocinar, retire el corazón y córtelas en rodajas, y cocine a fuego lento con agua hasta que estén blandas. Agregue 45 ml/3 cucharadas de miel, ralladura de limón, mantequilla o margarina y canela y cocine sin tapar hasta que espese. Dejar enfriar.

Estirar la masa sobre una superficie ligeramente enharinada y utilizar para forrar un aro de flan de 20 cm de diámetro. Pinchamos todo con un tenedor, cubrimos con papel de horno (encerado) y rellenamos con las alubias. Hornee en un horno precalentado a 200°C/400°F/Gas 6 durante 10 minutos. Retire el papel y los frijoles. Reduzca la temperatura del horno a 190 °C/375 °F/marca de gas 5. Transfiera el puré de manzana a la fuente. No pele las manzanas huecas, luego córtelas en rodajas finas. Disponga círculos perfectamente superpuestos sobre el puré. Hornee en el horno precalentado durante 30 minutos, hasta que las manzanas estén suaves y ligeramente doradas.

Coloque la miel restante en la sartén con el jugo de limón y caliente suavemente hasta que la miel se derrita. Vierta el pastel horneado en el glaseado.

Tarta De Manzana Y Carne

Para una tarta de 18 cm de diámetro

175g/6oz Pan dulce

1 manzana cocida (ácida) mediana, pelada, sin semillas y rallada

175g/6oz/½ taza de carne picada

150 ml/¼ pt/2/3 taza de crema doble (pesada)

25g/1oz/¼ taza de almendras picadas y tostadas

Estirar la masa (pasta) y utilizar para forrar un molde desmontable de 18 cm. Pinchar todo con un tenedor. Mezclar la manzana con la carne picada y esparcir por el fondo. Hornee en un horno precalentado a 200°C/400°F/Gas 6 durante 15 minutos. Reduzca la temperatura del horno a 160°C/325°F/Gas 3 y hornee por 10 minutos más. Dejar enfriar. Montar la nata a punto de nieve, extender sobre la tarta, espolvorear con las almendras y servir inmediatamente.

Tarta con manzanas y sultana

Receta para una tarta con un diámetro de 20 cm.

100 g de mantequilla o margarina

225 g/8 oz/2 tazas de harina integral (trigo integral).

30 ml / 2 cucharadas de agua fría

450 g de manzanas (tarta) para cocinar, peladas, sin corazón y en rodajas

15 ml/1 cucharada de jugo de limón

50 g/1/3 taza de sultanas (pasas doradas)

50 g/2 oz/¼ taza de azúcar moreno suave

Frote la mantequilla o margarina con harina hasta que la masa parezca pan rallado. Agregue suficiente agua fría para mezclar la masa (pegar). Extiéndalo y póngalo en una torta engrasada con un diámetro de 20 cm. Ponga las manzanas en el jugo de limón y colóquelas en el molde desmontable. Espolvorear con sultanas y azúcar. Estirar los restos de masa y hacer un enrejado encima del relleno. Hornee en un horno precalentado a 190°C/375°F/Gas 5 durante 30 minutos.

Tarta de merengue de albaricoque y coco

8 porciones

4 huevos, separados

100 g/1/2 taza de mantequilla o margarina, suave

175g/3oz/1/3 taza de miel pura

225 g/8 oz/2 tazas de harina integral (trigo integral).

Pizca de sal

450 g de albaricoques frescos, partidos por la mitad y sin hueso (sin semillas)

100 g/4 oz/½ taza de azúcar en polvo (muy fina).

175 g/6 oz/1½ taza de coco seco (rallado)

Bate las yemas de huevo, la mantequilla o margarina y la miel hasta que estén bien combinados. Mezcle la harina y la sal hasta que quede suave y firme. Extienda la masa (pasta) sobre una superficie ligeramente enharinada hasta un grosor de aproximadamente 1 cm y transfiérala a una bandeja para hornear engrasada (galleta). Cubrir con mitades de albaricoque, con el lado cortado hacia abajo, y hornear en horno precalentado a 200°C/400°C/Gas 6 durante 15 minutos.

Batir las claras hasta obtener una espuma dura. Agregue la mitad del azúcar y continúe batiendo hasta que la espuma esté dura y brillante. Agregue el azúcar restante y las hojuelas de coco. Extienda el merengue sobre los albaricoques y regrese al horno por otros 30 minutos, hasta que estén ligeramente dorados. Cortar en cuadrados mientras aún está caliente.

Tarta de horno

Para una tarta de 18 cm de diámetro

Para la masa (pasta):

50 g de mantequilla o margarina

100 g / 4 oz / 1 taza de harina normal (para todo uso)

30 ml/2 cucharadas de agua

Para el llenado:

100 g/1/3 taza de mermelada de fresa (enlatada)

50 g de mantequilla o margarina blanda

50 g/2 oz/¼ taza de azúcar en polvo (muy fina).

1 huevo, ligeramente batido

Unas gotas de esencia de almendras (extracto)

25 g/1 oz/¼ taza de harina leudante (autoleudante)

25 g/3 cucharadas de almendras molidas

50 g / 2 oz / ½ taza de almendras en hojuelas (picadas)

Para hacer la masa, frotar la mantequilla o margarina con la harina hasta que la mezcla parezca pan rallado. Agregue suficiente agua para mezclar en la masa. Estírelo y colóquelo en una bandeja para hornear engrasada con un diámetro de 18 cm/7. Untar con mermelada. Para preparar el relleno, bate la mantequilla o margarina y el azúcar, luego bate el huevo y la esencia de almendras. Agregue la harina y las almendras molidas. Vierta la mermelada con una cuchara y nivele la superficie. Espolvorear con hojuelas de almendras. Hornee en un horno precalentado a 190°C/375°F/Gas 5 durante 20 minutos.

Fudge Banoffee

Para 4 personas

250 g/9 oz Pan dulce

75g/3oz/1/3 taza de mantequilla o margarina

50 g/2 oz/¼ taza de azúcar moreno suave

30 ml/2 cucharadas de leche

250ml/8oz/1 taza de leche condensada

3-4 plátanos, en rodajas gruesas

Jugo de limon

300 ml/½ taza/1¼ taza de crema doble (pesada)

Extienda la masa y colóquela en un plato hondo con un fondo suelto (plato) con un diámetro de 23 cm. Cubra con papel de hornear, rellene con frijoles y hornee a ciegas en un horno precalentado a 200°C/400°F/Gas 6 durante unos 10 minutos. Retire el papel y los frijoles y hornee por otros 5 minutos hasta que estén ligeramente dorados.

Mientras tanto, caliente la mantequilla y el azúcar en una sartén y revuelva hasta que se derrita. Llevar a ebullición y cocinar durante 1 minuto, revolviendo constantemente. Retire del fuego y mezcle con la leche y la leche condensada. Cocine nuevamente por 2 minutos o hasta que la mezcla esté dorada y muy espesa, revolviendo constantemente. Coloque los plátanos en la masa y rocíe con un poco de jugo de limón. Cubra completamente con el dulce de azúcar y deje enfriar. Refrigera por 45 minutos hasta que espese. Montar la nata y ponerla encima de la tarta. Adorne con un plátano extra, rociado con jugo de limón si lo desea. Servir dentro de 2-3 horas.

Las revoluciones de la mora galesa

Receta para una tarta con un diámetro de 20 cm.

225 g de moras

225 g/8 oz Pan dulce

Un poco de leche para pincelar

25 g de mantequilla o margarina, en dados

50 g/2 oz/¼ taza de azúcar moreno suave

Lava y corta la fruta. Extienda la masa (pasta) en un círculo de 23 cm/9 de diámetro y colóquela en una bandeja para hornear engrasada (galleta). Cubrir la mitad de la masa con fruta, evitando los bordes. Doble sin apretar por la mitad, cepille la parte superior con leche y hornee en un horno precalentado a 190°C/375°F/G5 durante 40 minutos. Retire del horno y levante la tapa con cuidado, lo suficiente para untar la fruta con mantequilla o margarina y espolvorear con azúcar.

Tarta de brandy o ron

Receta para una tarta con un diámetro de 20 cm.

225 g/1 taza de dátiles deshuesados (sin pepitas), picados

250 ml/8 fl oz/1 taza de agua hirviendo

2,5 ml/½ cucharadita de bicarbonato de sodio (bicarbonato de sodio)

100 g/1/2 taza de mantequilla o margarina, suave

175 g/6 oz/¾ taza de azúcar en polvo

2 huevos

175 g/6 oz/1½ taza de harina normal (para todo uso)

2,5 ml/½ cucharadita de polvo de hornear

2,5 ml/½ cucharadita de jengibre molido

Pizca de sal

50 g / 2 oz / ½ taza de nueces mixtas picadas

50 g de migas de bizcocho (galletas).

Para el almíbar:

450 g/l lb/2 tazas de azúcar morena suave

250 ml/8 fl oz/1 taza de agua hirviendo

15 g/½ onza/1 cucharada de mantequilla o margarina

5 ml/1 cucharadita de canela molida

60 ml/4 cucharadas de brandy o ron

Mezcle los dátiles, 200 ml/poco menos de 1 taza de agua hirviendo y bicarbonato de sodio, mezcle bien y reserve. Bate la mantequilla o margarina, el azúcar y el agua restante hasta que quede suave y esponjoso. Poco a poco agregue los huevos, luego agregue la harina, el polvo de hornear, el jengibre y la sal. Agregue las nueces, las migas de galleta y la mezcla de dátiles. Vierta en un molde para pastel (bandeja) cuadrado de 20 cm engrasado y enharinado y hornee en el horno precalentado a 190 ° C / 375 ° F / Gas 5 durante 30 minutos hasta que estén dorados y elásticos al tacto.

Para hacer el almíbar, hierva todos los ingredientes excepto el brandy o el ron en una sartén. Cocine por 5 minutos y luego deje enfriar. Agregue el brandy, luego vierta el almíbar sobre la tarta caliente. De frío a tibio antes de servir.

Tartas De Mantequilla

el hace 12

225 g/8 oz Pan dulce

50 g de mantequilla o margarina derretida

175 g/6 oz/¾ taza de azúcar morena suave

45 ml/3 cucharadas de nata líquida (light).

100 g/4 oz/2/3 taza de sultanas (pasas doradas)

1 huevo, ligeramente batido

5 ml/1 cucharadita de esencia de vainilla (extracto)

Estirar la masa (pasta) y utilizar para forrar 12 moldes para tartaletas engrasados (bandejas para empanadas) y pinchar con un tenedor. Mezclar todos los demás ingredientes y verter en moldes. Hornee en un horno precalentado a 180°C/350°F/Gas 4 durante 25 minutos.

Tarta De Coco

Receta para una tarta con un diámetro de 23 cm.

150g/5oz/2/3 taza de mantequilla o margarina

50 g/2 oz/¼ taza de azúcar moreno suave

75 ml/5 cucharadas de miel pura

45 ml/3 cucharadas de leche

75 g / 3 oz / ¾ taza de coco seco (rallado)

1 recipiente básico de bizcocho

Lleve a ebullición todos los ingredientes del relleno, revolviendo constantemente. Vierta en un molde para tarta (corteza de masa) y colóquelo en una parrilla caliente (asador) durante unos minutos para dorar la parte superior.

www.ingramcontent.com/pod-product-compliance
Lightning Source LLC
Chambersburg PA
CBHW071433080526
44587CB00014B/1823